INVENTAIRE.
X 26,333

Henry   Langue latine

1874

RÉVISION
DE
LA GRAMMAIRE LATINE

X

26333

MÊME LIBRAIRIE.

Envoi franco au reçu du prix en timbres-poste.

PASCAL. — **Opuscules philosophiques.** Nouvelle édition, accompagnée de notes et précédée d'une introduction et de l'analyse de chaque fragment; par M. Aulard, ancien professeur de philosophie, inspecteur de l'Université. In-12, br. 90 c.

DESCARTES. — **Discours sur la méthode,** avec analyse et notes, par le même. In-12, br. 90 c.

La logique ou l'art de penser de MM. de Port-Royal, avec analyses et notes, par le même. In-12, br. 90 c.

BUFFON. — **Discours sur le style,** prononcé à l'Académie française, précédé d'une notice biographique et d'observations sur le style, et accompagné de notes grammaticales et littéraires; par M. Aug. Noël, professeur de rhétorique au lycée de Versailles. In-12, cart. 40 c.

Théâtre classique, contenant : Le Cid. — Horace. — Cinna. — Polyeucte, de Corneille; — Britannicus. — Esther. — Athalie, de Racine; — Le Misanthrope, de Molière, et les principales scènes de Mérope, de Voltaire. Nouvelle édition, avec des notes historiques, grammaticales et littéraires, l'analyse des pièces, les préfaces des auteurs et des appréciations littéraires et analytiques empruntées aux meilleurs critiques; par MM. Aderer, Aulard, Gidel, Henry, et Jonette. 1 fort volume in-12, cart. 3 fr.

MOLIÈRE. — **Les Femmes savantes.** Nouvelle édition, avec notes historiques, grammaticales et littéraires, précédée d'appréciations littéraires et philosophiques; par M. Henry, professeur agrégé de l'Université. In-12, cart. 75 c.

SOPHOCLE. — **Extraits** (texte grec), imprimés en gros caractères, avec notes historiques, géographiques et grammaticales en français, précédés d'une notice biographique et suivis d'une appréciation générale du théâtre de Sophocle, etc.; par M. Feuillâtre, proviseur au lycée de Metz. 1 vol. in-12, cart. 2 fr.

Le même, grec et français, par le même. 3 fr. 50 c.

ARISTOPHANE. — **Extraits** (texte grec), précédés d'études préliminaires sur les origines de la comédie grecque et sur Aristophane, contenant des résumés analytiques et des notes historiques, littéraires et grammaticales en français; par M. Jacquet, agrégé de l'Université, professeur au lycée Louis le Grand. In-12, cart. 2 fr.

Le même, grec et français, par le même. 3 fr. 50 c.

SÉNÈQUE. Lettres choisies (texte grec). Nouvelle édition imprimée en gros caractères, avec une introduction sur sa vie et ses œuvres, des sommaires et des notes en français; par un professeur de l'Académie de Paris, docteur ès lettres. 1 vol. in-12, cart. 1 fr. 25 c.

LUCRÈCE. — **Extraits,** imprimés en gros caractères, avec une introduction, un commentaire critique et des notes en français, par M. Crouslé, docteur ès lettres, maître de conférences à l'Ecole Normale supérieure. In-12, cart. 1 fr. 60 c.

Ouvrage prescrit pour la classe de rhétorique des lycées et collèges.

Le même, latin et français; par le même. 1 vol. in-12. 3 fr. 50 c.

PLAUTE. — **Extraits,** imprimés en gros caractères, avec une introduction, des arguments et des notes en français; par le même. 1 vol. in-12, cart. 2 fr.

Ouvrage prescrit pour la classe de rhétorique des lycées et collèges.

Le même, latin et français; par le même. 1 vol. in-12, br. 4 fr.

RÉVISION MÉTHODIQUE
DES
PRINCIPALES RÈGLES ET LOCUTIONS
DE LA
LANGUE LATINE
A L'USAGE
DES ÉLÈVES DE RHÉTORIQUE ET DES ASPIRANTS AU BACCALAURÉAT ÈS LETTRES
SUIVIE
DE CONSEILS POUR LA VERSION,
OU L'ART DE TRADUIRE RAMENÉ A SES PRINCIPES LES PLUS ÉLÉMENTAIRES
PAR
M. HENRY
PROFESSEUR DE RHÉTORIQUE AU LYCÉE DE ROUEN.

TROISIÈME ÉDITION CORRIGÉE.

PARIS
LIBRAIRIE CLASSIQUE D'EUGÈNE BELIN
RUE DE VAUGIRARD, N° 52

1874

Tout exemplaire de cet ouvrage non revêtu de ma griffe sera réputé contrefait.

PRÉFACE.

Une expérience de plusieurs années a suggéré l'idée de ce livre. Depuis longtemps on avait remarqué que les élèves de rhétorique, en général, pèchent à leur début par deux défauts qui suivent beaucoup d'entre eux pendant toute l'année : d'une part, l'ignorance ou l'oubli des règles de la grammaire latine ; de l'autre, l'inexpérience des formes particulières de langage qui se rapportent à ces règles. La même observation n'est que trop applicable à la majorité des élèves de philosophie. Certes, nous déplorons, autant que qui que ce soit, cet état, et nous voudrions très-sincèrement, pour l'agrément et dans l'intérêt de la classe que nous professons, qu'il en fût autrement ; mais le mal existe, cela est incontestable, et, qui plus est, on ne peut se dissimuler que les élèves n'apportent pas un vif empressement à le réparer, trouvant trop long ou même trop fastidieux de relire en entier soit Lhomond, qu'ils ont abandonné depuis la *Quatrième*, soit Burnouf, qui les effraie par ce qu'il a de trop savant et en quelque façon de trop complet. On a donc considéré qu'une classe se fait non-seulement pour les élèves les plus forts, mais pour tous les élèves sans exception, et on a voulu, en composant un livre court et facile à lire, fournir aux rhétoriciens et aux élèves de philosophie un moyen de se rappeler ou d'acquérir promptement les connaissances élémentaires indispensables à quiconque est tenu d'écrire quelques pages en latin.

Le plan de l'ouvrage est des plus simples et n'est nouveau qu'en apparence. A l'exemple des grammairiens, on a considéré que tout discours est une série de propositions, tour à tour *simples*, *coordonnées*, et *subordonnées explicatives* et *complétives*. On a donc rappelé, conformément à cette vieille division, et autant que possible dans l'ordre et avec les exemples adoptés par Lhomond :

1° Les *règles* et *locutions* principales se rattachant aux *propositions simples*, ou plutôt, aux différentes espèces de mots (*substantifs, adverbes, verbes*, etc.), qui entrent dans ces propositions. Ch. I — ch. VII.)

2° Les *règles* et *locutions* propres aux adverbes conjonctifs qui unissent entre elles les *propositions coordonnées* : *et, ou, ni, car, mais, or, donc*, et leurs synonymes. (Ch. VIII.)

3° Les *règles* et *locutions* particulières aux mots par lesquels s'annoncent les *propositions subordonnées* : *relatifs, interrogatifs, verbes à la proposition infinitive, participes* et *conjonctions*. (Ch. VIII — ch. XIII.)

4° Celles qui se rapportent spécialement aux *propositions subordonnées*, dites *complétives*. (Ch. XIII.)

Dans une 5ᵉ et dernière partie supplémentaire, on a expliqué les règles du *Discours indirect*, cité les *expressions* qui servent à lier les différentes parties d'un paragraphe ou les divers paragraphes d'un discours, donné quelques conseils sur la *construction* des phrases latines, enfin transcrit par ordre alphabétique un certain nombre d'expressions du *Conciones*, qui avaient semblé plus particulièrement dignes de remarque. (Ch. XIV.)

Ce n'est donc point un simple résumé de grammaire qu'on offre ici aux élèves, mais plutôt une sorte de *manuel* à double fin : d'un côté, il contient toutes celles des *règles grammaticales* qu'on a cru bon de rappeler avec ou sans commentaires. Car, s'il y en a sur lesquelles on a jugé nécessaire d'insister, il en est quelques-unes, au contraire, ou trop connues, ou trop spéciales, qu'on a pensé pouvoir omettre sans inconvénient. D'autre part, l'ouvrage renferme les *locutions et tournures* les plus usitées qui se rattachent à chacune des règles rappelées. On ose croire, après épreuve répétée, que tout élève qui prendra la peine de consulter ce livre avec quelque attention, seul ou dirigé par un maître, donnera en peu de temps à ses compositions, non-seulement de la correction, mais déjà une physionomie latine. Sans compter qu'en se familiarisant avec les latinismes qu'il rencontrera presque à toutes les pages, il se rendra plus facile aussi l'intelligence de ses versions. C'est à ces titres divers que l'on ne craint pas de recommander ce petit ouvrage, avant tout, aux professeurs de rhétorique et de philosophie, mais généralement aussi à tous ceux qui voudront préparer, par une méthode rapide et toutefois *sérieuse* et *solide*, quelque candidat retardataire au baccalauréat ès lettres. On ose dire *sérieuse* et *solide*, car quiconque y jettera les yeux, s'apercevra aisément que si ce livre a l'avantage de rendre le travail plus facile aux élèves et plus promptement fructueux, il n'a pas le malheur de les en dispenser.

On a multiplié à dessein les exemples tirés du *Conciones*, et l'on a traduit tous ceux qui ont paru offrir quelque difficulté. L'utilité de ces citations s'explique assez d'elle-même. Mais afin que chaque exemple pût être rattaché au passage dont il fait partie dans le *Conciones*, et s'éclairer au besoin par ce rapprochement d'une lumière nouvelle, on a eu soin d'indiquer la page et la ligne d'où on l'avait extrait. L'édition qu'on a suivie est celle de M. Belin, l'éditeur même de cet ouvrage.

A. HENRY.

NOTA. Cette *Révision* devant servir pour la *Version* presque autant que pour le *Discours*, on a essayé de ramener à ses principes les plus simples *l'art* même *de la traduction*, et on les a exposés en quelques pages qui terminent le livre ; il a semblé qu'elles en étaient le complément naturel.

A. H.

RÉVISION MÉTHODIQUE

DES

PRINCIPALES RÈGLES ET LOCUTIONS

DE

LA GRAMMAIRE LATINE

NOTIONS PRÉLIMINAIRES

CHAPITRE I

DES DIVERSES PROPOSITIONS.

§ I. — Toute pensée s'exprime par une phrase simple ou composée ; simple, quand elle n'est formée que d'une proposition ; composée, quand elle en compte plusieurs.

Les grammairiens ont divisé les propositions en trois espèces : les propositions *simples*, les *coordonnées*, les *subordonnées* ; celles-ci se subdivisant elles-mêmes en *explicatives* et *complétives*. Or, l'expérience démontre que pour se remettre en mémoire les principales règles d'une langue, le moyen le plus élémentaire et le plus rapide à la fois est de suivre cette vieille division ; c'est la méthode qu'on a essayé d'appliquer dans ce livre.

§ II. — Les propositions *simples* sont celles qui n'expriment qu'un seul jugement et ne renferment qu'un verbe à un mode personnel. (L'infinitif est le seul mode dit impersonnel.)

Ex. : Dieu est souverainement juste.

L'amour de la patrie donne du courage aux hommes les plus timides.

Les propositions *coordonnées* sont des propositions simples qui, sans exercer d'influence les unes sur les autres, sont reliées toutefois entre elles par la suite des idées. Les rapports qui les unissent sont marqués par les adverbes conjonctifs *et, ou, ni, car, mais, or, donc,* et leurs synonymes. Mais ces mots pourraient souvent se supprimer, sans que le sens de la phrase fût altéré.

Ex. : Virgile est un admirable poëte, *mais* Homère lui est encore supérieur, *car* il lui a servi de modèle.

Les propositions *subordonnées* sont celles qui dépendent d'une proposition *principale* sans laquelle elles ne sauraient subsister. Elles peuvent s'annoncer, en latin, de cinq manières : 1° par les pronoms et adverbes relatifs ; 2° par les mots dits interrogatifs ; 3° par le verbe au mode infinitif ; 4° par les participes ; 5° enfin par les conjonctions telles que : *quando, quoniam, si, ut,* etc.

Ex. : 1° Errat *qui putat.*
2° Dic mihi *quis sis.*
3° Credo *te flere.*
4° *Partibus factis,* sic locutus est leo.
5° *Si leges hunc librum,* lætabor.

On distingue, ainsi qu'il vient d'être dit, deux sortes de propositions *subordonnées.* Lorsque la proposition principale offre par elle-même un sens complet, toute proposition subordonnée qui l'escorte est dite simplement *explicative.*

Ex. : Pompée ne pouvait se résoudre à descendre du premier rang, *lorsqu'il l'avait si longtemps occupé.*

Dans cette phrase, la proposition principale, *Pompée ne pouvait se résoudre à quitter le premier rang,* présenterait encore à l'esprit un sens logiquement suffisant, quand même on retrancherait la proposition subordonnée ; celle-ci est donc *explicative.*

Autre exemple : *Jamais personne ne mérita mieux qu'Aristide les honneurs qui furent rendus à ses cendres.*

Si je supprime la proposition subordonnée : *qui furent rendus,* etc., je retranche une partie importante de l'idée ; je l'altère même dans une certaine mesure, puisque je cesse d'expliquer d'une façon précise les honneurs dont je veux parler; mais cette suppression n'enlève pas à la proposition principale les éléments qui lui sont nécessaires pour offrir, selon la logique, un sens complet. Cette proposition, en effet, revient à la suivante : *Personne ne fut jamais méritant mieux qu'Aristide les honneurs :* sujet : *personne ;* verbe : *ne fut jamais;* attribut : *méritant*. Cet attribut appelle une idée qui le complète; méritant *quoi ?* Réponse, *les honneurs*. L'esprit, à la rigueur, est maintenant satisfait; je puis donc encore regarder la proposition subordonnée comme simplement *explicative*.

Au contraire, quand la proposition subordonnée fait, pour ainsi dire, partie intégrante de la proposition principale, en ce qu'elle fournit à son attribut *le complément dont il ne saurait se passer*, elle est dite alors *déterminative* ou *complétive*.

Ex. : Vous savez *qui je suis*.
Je pensais *que vous aimiez les livres*.

Dans ces deux phrases, les propositions subordonnées sont absolument inséparables des principales. En effet, décomposons celles-ci; nous aurons : 1° *Vous êtes sachant ;* 2° *J'étais pensant*. Chacun des attributs, *sachant* et *pensant*, exige un complément. Or, ce complément n'est autre que la proposition qui suit; voilà pourquoi, dans ces deux exemples, les subordonnées sont des *complétives*.

Nota. Parfois, dans une phrase composée de deux ou plusieurs propositions, une proposition subordonnée qu'on dirait à première vue simplement *explicative*, est en réalité *complétive*. Ce cas se présente lorsque la personne qui parle *rapporte*, pour ainsi dire, *l'opinion d'autrui* plutôt que la sienne propre.

Ex. : *Annibal regardait Scipion comme un homme supérieur par cela même qu'il avait été choisi pour commander contre lui.*

Si nous considérons attentivement cette phrase, nous reconnaîtrons que celui qui parle n'exprime pas sa propre pensée, mais celle d'Annibal, et qu'ainsi l'idée principale : *Annibal regardait Scipion comme un grand général*, peut se décomposer en deux propositions : 1° *Annibal disait ou croyait;* 2° *Que Scipion était un grand général*. Cette dernière est, comme on voit, une subordonnée complétive. Cela suffit pour que la suivante, *qui dépend véritablement d'elle, puisqu'elle l'explique*, participe de sa nature et cesse d'être une simple explicative. Aussi devrait-on la traduire en latin conformément aux règles qui concernent les complétives (1) : Annibal Scipionem, eo ipso quod adversus *se* dux lectus *esset*, præstantem virum credebat. (T. Liv.) Supposez, au contraire, qu'exprimant *mon opinion personnelle*, je dise : « Scipion pouvait paraître à Annibal un homme supérieur par cela même qu'il avait été choisi pour commander contre lui. » Comme ici je n'ai pas l'intention d'exprimer la pensée d'Annibal, mais simplement la mienne, la proposition *par cela même*, etc., redevient *explicative*, et je traduirai : Annibali Scipio, eo ipso quod adversus *eum* lectus *erat*, præstans vir poterat videri.

Autre exemple : *Les Athéniens mirent Socrate en jugement parce qu'il corrompait la jeunesse.*

La seconde proposition, qui *pourrait se supprimer sans que la principale cessât d'offrir un sens complet*, semble être, à cause de cela, *explicative;* il n'en est rien. La personne qui parle n'entend pas dire, *comme si c'était son opinion et un fait établi*, que Socrate corrompait véritablement la jeunesse, mais que l'opinion des accusateurs était qu'il la corrompait : en sorte que la phrase exprimée revient en réalité aux trois propositions suivantes : 1° *Les Athéniens prétendaient;* 2° *qu'ils mettaient Socrate en jugement;* 3° *parce qu'il corrompait la jeunesse*. La seconde de ces trois propositions est complétive; donc la troi-

---

(1) On reviendra plus loin sur ces règles ; on n'en parle ici que pour montrer combien il importe de distinguer la nature des diverses propositions.

sième, *qui dépend d'elle, puisqu'elle explique pourquoi les Athéniens mettaient Socrate en jugement*, est aussi complétive, et devra se traduire comme telle en latin. « Athenienses Socratem accusaverunt, quia *corrumperet* juventutem. » Supposez, au contraire, la phrase suivante : *Les Athéniens mirent Socrate en jugement, quoiqu'il instruisît la jeunesse.* La personne qui parle exprime *son opinion personnelle et un fait incontestable* ; la proposition subordonnée, qui pourrait à la rigueur se retrancher, est donc une simple *explicative*, et se traduira : « quanquam docebat juventutem. »

Cette observation est fort importante, et l'on ne saurait trop y insister. En effet, comme on le verra dans la suite, de la nature des propositions subordonnées dépend souvent l'emploi de l'adjectif possessif *suus, sua, suum ;* du pronom personnel *sui, sibi, se ;* et enfin du *mode subjonctif* (1).

En résumé, trois sortes de propositions : 1° les *simples ;* 2° les *coordonnées ;* 3° les *subordonnées*, qui sont tantôt *explicatives* et tantôt *complétives*.

C'est l'ordre qu'on retrouvera dans la récapitulation qui va suivre.

PREMIÈRE PARTIE
CHAPITRE II
PROPOSITIONS SIMPLES.

§ III. — Presque toutes les espèces de mots peuvent entrer dans une proposition simple ; nous allons donc les passer successivement en revue pour signaler les principales *règles* et *locutions* propres à chacune d'elles.

---

(1) Voir chapitre XIII, paragraphes XLI, XLII, XLIII, sur les subordonnées complétives.

Des Substantifs.

Première déclinaison. Cette déclinaison est la plus régulière. Nous n'avons à en rappeler que les noms qui se déclinent sur les noms grecs correspondants.

Ex. : *Musice,* sur κεφαλή ; *cometes,* sur ποιητής ; *Æneas,* sur νεανίας.

	Fém.	Masc.	
N.	*Musice,*	*Cometes,*	*Æneas,*
V.	*Musice,*	*Comete,*	*Ænea,*
G.	*Musices,*	*Cometæ,*	*Æneæ,*
D.	*Musicæ,*	*Cometæ,*	*Æneæ,*
Acc.	*Musicen,*	*Cometen,*	*Ænean,*
Abl.	*Musice.*	*Comete.*	*Æneâ.*

Ainsi se déclinent : *rhetorice, Atrides, Pausanias,* etc.
Le pluriel, quand il existe, se décline sur *rosæ, rosarum.* Au reste, la plupart de ces noms ont des désinences latines, et l'on dit aussi : *musica, musica, musicæ, musicæ, musicam, musicâ.*

§ IV. — Seconde déclinaison.
Facile et régulière comme la précédente, cette déclinaison donne lieu à deux observations.

1° Les noms propres en *ius* ont le vocatif en *i*. On l'obtient en supprimant la terminaison *us : Horatius, Horati.* — *Pompeius, Pompei.* — *Caius, Cai.*
Il en est de même des deux noms communs *Filius* et *Genius.* Voc. : *Fili, Geni.* Tous les autres ont le vocatif en *ie*; ex. *gladius, gladie, nuntius, nuntie.* Même règle pour les adjectifs employés comme noms propres : *Delius, Delie, Pius, Pie ;* et pour les noms propres qui viennent du grec : *Darius, Darie.*

2° Les noms *Deus, agnus* et *chorus,* ont le vocatif semblable au nominatif, et *Deus,* en particulier, fait au nominatif pluriel : *Dii, Di,* et quelquefois *Dei ;* au datif et à l'ablatif : *Diis, Dis,* et quelquefois *Deis.*

§ V. — Troisième déclinaison (1).

Tout monosyllabe dont le radical finit par deux consonnes a le génitif pluriel en *ium*.

Ex. : *Urbs, urbium ; ars, artium ;* etc.

Les autres monosyllabes font le même cas, ceux-ci en *um*, ceux-là en *ium ; dux, ducum : nox, noctium.* L'usage les apprendra.

Les noms parisyllabiques ont le génitif pluriel en *ium*, l'accusatif singulier en *em* ou en *im*, et l'ablatif en *e* ou en *i*. Ex. : *Collis, collium, collem, colle ; securis, securium, securim, securi ; avis, avium, avem, avi* ou *ave ; avi*, quand il s'agit d'un présage, *malâ avi ; ave*, quand il s'agit d'un oiseau ; *ignis, ignium, ignem, igne* ou *igni* (2).

Exceptions au génitif pluriel : *Canis, canum ; juvenis, juvenum ; senex, senum ; vates, vatum ; apes* ou *apis, apum* ou *apium*.

Les *neutres* imparisyllabiques en *al* et en *ar* sont considérés comme des parisyllabiques et en suivent les règles. Ex. : *Animal* (p^r *animale*), *animalium, animali*. — *Calcar*, éperon (p^r *calcare*), *calcarium, calcari*.

Noms irréguliers : *Iter, itineris, itineri, iter, itinere ; itinera*, etc.

Jupiter, Jovis, Jovi, Jovem, Jove.

Jus, juris, juri, jus, jure, jura. Pas de génitif ni de datif.

Supellex (trousseau, mobilier, *fém.*), *supellectilis, supellectili, supellectilem, supellectile* ou *supellectili*. Pas de pluriel.

Vis, pas de génitif ni de datif, *vim, vi ; vires, virium*, etc.

---

(1) Tous les noms en *or* de cette déclinaison sont masculins. Excepté 3 féminins : *arbor, soror, uxor*, et 4 neutres : *ador* (blé), *æquor, cor, marmor*.

(2) Les adjectifs imparisyllabiques déclinés sur cette déclinaison font de préférence leur ablatif singulier en *e* quand ils sont pris comme substantifs. *A sapiente*, par le sage ; *a sapienti viro*, par l'homme sage.

DES SUBSTANTIFS.

Noms tirés du grec : *Heros, herois, heroi, heroem* ou *heroa, heroe, heroes, heroum, heroibus, heroes,* ou *heroas*.

Hæresis, hæresis ou *hereseos, hæresi, heresim* ou *heresin, hæresi, hæreses, heresseon, heresibus, hæreses, hæresibus.*

Déclinez ainsi *poesis. Neapolis* fait *Neapolim* à l'acc.

§ VI. — Quatrième déclinaison (1).

Onze substantifs ont le datif et l'ablatif pluriel en *ubus* : *acus* (aiguille), *arcus, artus, lacus, partus, portus, quercus, specus, tribus,* et les deux neutres : *pecu* (du bétail) (2), *veru* (broche, pique).

Nom irrégulier : *Domus, domûs, domui, domum, domo, domus, domorum* et *domuum, domibus, domus, domibus.*

§ VII. — Cinquième déclinaison.

Excepté *dies* et *res,* aucun nom de cette déclinaison n'a au pluriel les cas en *erum* et en *ebus*; et neuf seulement ont un pluriel au cas en *es : acies, effigies, eluvies* (débordement), *facies, glacies, progenies, series, species,* et *spes.*

Dies est féminin et masculin au singulier, toujours masculin au pluriel.

Règles particulières aux substantifs.

En général, nous rappellerons sans commentaires, par les exemples de Lhomond et de Burnouf, toute règle qui nous paraîtra n'avoir pas besoin d'explications.

§ VIII. — 1° *Ludovicus rex.* — *Urbs Roma.*

2° *Liber Petri.* — *Bonitas divina,* au lieu de *Bonitas Dei.*

Cette seconde tournure s'emploie pour éviter que deux génitifs soient compléments l'un de l'autre.

---

(1) Cette déclinaison n'a de féminins que *acus, domus, manus, porticus, quercus* et *tribus.*

(2) *Pecu, pecua, uum, ubus,* bétail. — *Pecus, oris* (neut.), troupeau. — *Pecus, udis* (fém.), animal domestique, une brebis.

Ex. : *Negligentia divini cultûs.* La négligence *du* culte *des* dieux. *Divini cultûs* pour *Deorum cultûs.* (*Conciones,* p. 56, ligne 11, édit. Eug. Belin.)

3° *Hoc erit tibi dolori.* Les Latins ont employé élégamment le datif de la personne et celui de la chose pour exprimer l'idée de *causer :* Pour ne pas te *causer* de la honte, tournez : *pour ne pas être à honte à toi; ne tibi pudori essem.* (*C.*, p. 303, l. 22.)

4° *Puer egregiæ indolis,* ou *egregiâ indole.* Cette locution se rencontre fréquemment en latin. Elle marque :

Soit une qualité : *Puer egregiâ indole ;*

Soit un certain état physique : Masinissa nullo frigore adducitur ut *capite operto* sit.

Soit une situation morale : Fuit *sponsa tua apud me* eadem, qua *apud parentes suos,* verecundia ; ta fiancée a été auprès de moi l'objet du même respect que chez ses parents. (*Conciones,* p. 178, ligne 21.)

Soit une situation matérielle : parique periculo, *sed* fama impari *boni atque ignavi* erant. Les braves et les lâches couraient les mêmes périls sans acquérir la même gloire. (Salluste, *Siége de Zama.*)

5° *Tempus legendi.* — *Tempus legendi historiam, legendæ historiæ.*

Quand la préposition *de* a pour complément le parfait de l'infinitif, on tourne élégamment par le participe passé passif, s'il y a un substantif ou un pronom auquel ce participe se puisse rapporter.

Ex. : Perpetrati belli *titulus;* l'honneur d'*avoir terminé* la guerre. (*Conc.*, p. 195, l. 9.)

Remarque importante. Cet emploi du participe passé avec le substantif sert souvent à rendre la préposition *de* placée entre deux noms. *Il suffit que le premier marque une action qui porte sur l'autre.*

Ex. : *Quam putarent* CONTINUATÆ MILITIÆ *causam esse?* Quelle était, à leur avis, la cause de la prolongation du service? (*Conc.*, p. 45, l. 6.)

REX CREATUS *Veiis offendit Etruscos...* — La création d'un roi à Véies a indisposé les Étrusques. (*Conc.*, p. 50, l. 15.)

Le participe en *dus, da, dum* prend la place du participe passé, si l'action qu'il exprime est *future* ou *simultanée* par rapport à celle du verbe principal.

Ex. : *Nec supersumus pugnæ, nisi* IN QUIBUS TRUCIDANDIS *et ferrum et vires hostem defecerunt.* Nous seuls survivons au combat, *pour le massacre desquels* l'ennemi a manqué de fer et de force. (*Conc.*, p. 138, l. 21.)

Second exemple : IN VOLUPTATE SPERNENDA *virtus vel maxime cernitur.* (Cic.) La vertu éclate surtout dans le mépris de la volupté.

6° *Culpa est mentiri.* — *Mentiri,* sujet du verbe ; *culpa,* attribut. Mais on dirait : *Non mea est, sed tua,* MENTIENDI CULPA ; le tort de mentir n'est pas à moi, mais à vous. Ce second exemple, en effet, rentre dans la règle *Tempus legendi.*

CHAPITRE III

DES ADJECTIFS.

§ IX. — Il n'y a rien à dire de particulier sur la déclinaison des adjectifs. Mais il est bon de rappeler les règles d'accord de l'adjectif, du participe, qui n'est qu'une sorte d'adjectif, et en général de l'attribut, avec le mot auquel il se rapporte.

1° Adjectif qualifiant des noms de personnes, ou d'êtres animés.

Deus sanctus. — *Pater et filius* (sunt) *boni.* — *Pater et mater* (sunt) *boni.* — *Deus est sanctus.* — (*Credo*) *Deum esse sanctum. — Frater meus rediit mœrens; ego nominor leo* (1).

Nota. Nous mettons *sunt* devant *boni* parce que l'adjectif, comme simple épithète, ne s'accorde guère avec deux noms à la fois. (V. plus bas, chiffre 5.)

2° Adjectif qualifiant des noms de personnes et des noms de choses réunies,

« *Rex regiaque classis una* profecti. »

3° Adjectif qualifiant des noms de choses, ou des noms d'animaux avec des noms de choses.

Grammatice quondam et musice junctæ *fuerunt.*

Le féminin, parce que les noms sont du même genre.

Labor voluptasque, DISSIMILLIMA *natura, societate quâdam inter se naturali sunt* JUNCTA; la peine et le plaisir, très-différents de leur nature, sont pourtant unis entre eux par je ne sais quel lien naturel. (*Conc.*, p. 48, l. 6.) Le neutre, parce que les noms sont de genre différent.

Ædificium, equi, vaccæ, una DELETA *sunt incendio.* (Même règle.)

4°. Adjectif s'accordant avec l'idée qu'exprime le nom auquel il se rapporte.

Magna pars militum VULNERATI SUNT. Comme s'il y avait : *Multi milites.* — *Pars navium* HAUSTÆ SUNT. Comme s'il y avait : *nonnullæ naves.*

5° Adjectif se rapportant à plusieurs noms, et s'accordant, selon la place qu'il occupe, avec le premier ou avec le dernier seulement.

Invidi virtutem et bonum ALIENUM *oderunt*, T. Liv. (*Alienum* au lieu d'*aliena*.) — En réalité *alienam* est sous-entendu avec *virtutem*. Tite Live n'eût mis *aliena* (au neutre pluriel) que si cet adjectif eût été, non une simple épithète, mais un attribut dépendant du verbe *sum* exprimé ou sous-entendu, comme dans l'exemple qui précède : *Labor volutasque*, etc. — *Romanis* CUNCTA *maria terræque patebant.* (*Cunctæ* sous-entendu avec *terræ*.)

---

(1) Voir plus loin le chapitre sur les Propositions infinitives : différences entre le français et le latin, 2°.

DES ADJECTIFS.

6° Adjectif qualifiant un infinitif.

Turpe est mentiri. — Comparez avec *culpa est mentiri.*

7° Adjectif transformé en adverbe devant un adjectif.

VERÈ (pour *veri*) *sapientes.*

Régime des adjectifs.

§ X. — Le dictionnaire indique les régimes des adjectifs ; nous n'insisterons donc pas sur cette question ; quelques remarques suffiront.

1° Quand les adjectifs qui gouvernent le génitif sont suivis d'un verbe, on le met au gérondif en *di*. S'il est actif et qu'il ait un complément direct, on tourne par le participe en *dus, da, dum*.

Ex. : *Cupidus otii ; cupidus otiandi ; cupidus videndæ urbis.*

2° Le mot *par* (égal, pareil), est tantôt *adjectif*, tantôt *substantif*. Adjectif, il régit le datif ; substantif, il régit le génitif.

Par Annibali, égal (en talent) à Annibal.

Par Annibalis, le pareil, le rival d'Annibal (1). — Les gladiateurs appariés étaient dits chez les Romains *pares*. Scipion l'Africain, se comparant au chef carthaginois, dit à Fabius Maxime (*Conc.*, p. 203, l. 13) :

« *Habebo, Q. Fabi,* PAREM, *quem das, Annibalem.* »

Par, impar, s'emploient élégamment avec le participe en *dus, da, dum*, pour signifier *capable de, incapable de :*

Vincendis cupiditatibus impar.

3° L'adjectif *assuetus, a, um*, suivi d'un verbe, gouverne l'infinitif et non le gérondif en *do*, comme le dit Lhomond. De plus, quand *les autres adjectifs qui régissent le datif* sont suivis d'un verbe actif avec complément,

---

(1) Ne confondez pas avec le substantif *par, paris*, un couple, une paire : *Tria paria amicorum*, trois paires d'amis. Voir plus loin *par* synonyme d'*idem*, page 29.

on doit tourner par le participe en *dus, da, dum*. On n'emploie *le gérondif* qu'avec les verbes neutres.

Ex. : *Assuetus* EXIRE *è mari*, et non *exeundo*.

Membra apta NATANDO.

Lusus ACUENDIS *puerorum* INGENIIS *utiles*, et non *acuendo ingenia*.

4° L'adjectif *dignus* et son contraire *indignus* veulent après eux l'ablatif. Le génitif est très-rare et plus spécialement poétique. Dites donc *dignus laude*, plutôt que *laudis*.

5° L'adjectif *contentus* est proprement le participe passé de *contineo*. Il signifie donc : *être content de*, dans le sens de *se contenter de, s'en tenir à, se renfermer dans*, et jamais *être heureux, joyeux*. « *Optimum quidem fuerat eam patribus nostris mentem datam ab Diis esse, ut et* VOS ITALIÆ, ET NOS AFRICÆ IMPERIO CONTENTI ESSEMUS. » (*Conc.*, p. 215, l. 13.)

Les Latins avaient diverses locutions pour rendre les sens variés du mot *content*. Ex. : Je suis content, joyeux : *lætus sum*. Je suis content de cela : *lætor hâc re*. Je suis content de tes mœurs : *moribus tuis delector; tuos mores comprobo; mihi mores tui placent*, etc., etc. Vous étiez contents d'avoir la vie sauve : *Satis habebatis animam retinere*. (*Conc.*, p. 339, l. 5.) *Parum est quod veterrimas provincias meas Siciliam et Sardiniam adimis*. (*Conc.*, p. 128, l. 14.)

6° Quand on veut rendre en latin l'adjectif *vertueux*, il est inutile de prendre la périphrase de Lhomond : *virtute præditus;* il suffit de *bonus*, ou d'un terme analogue : *probus* (probe) ; *honestus* (honorable par sa conduite et ses mœurs) ; *frugi*, indécl. (sobre, frugal, tempérant) ; *castus*, de mœurs pures, etc.

7° Enfin il y a des adjectifs latins qui rendent élégamment des noms français. Ce sont ceux qui désignent une partie du nom avec lequel ils s'accordent : *Vere primo* (au commencement du printemps) ; *extremâ hieme — extremi digiti — summus mons — ima quercus — prima urbs* (l'entrée de la ville) ; *extrema urbs, media æstas*, etc., etc.

Comparatifs et superlatifs.

§ XI. — La grammaire enseigne la manière de former du positif le comparatif et le superlatif; elle enseigne aussi quels sont les adjectifs qui font exception à la règle générale : 1° *Bonus, malus, magnus, parvus* (1); 2° les adjectifs en *er : pulcher, pulchrior, pulcherrimus* (2); 3° les adjectifs en *eus, ius, uus; idoneus, magis idoneus, maximè idoneus;* 4° les adjectifs en *dicus, ficus, volus : benevolus, benevolentior, benevolentissimus;* 5° les sept adjectifs suivants en *ilis : facilis, difficilis, gracilis, humilis, imbecillis, similis* et *dissimilis; facillimus,* etc. ; les autres adjectifs en *ilis* font tous *issimus; fertilis, fertilissimus; utilis, utilissimus,* etc.; 6° enfin, *vetus, veteris;* superl. *veterrimus, a, um.*

Quant aux règles des *comparatifs* en particulier, citons seulement pour mémoire les plus faciles :

Doctior Petro. — *Magis pius* QUAM TU (et non *te.* Malgré quelques exemples très-rares, *magis* appelle toujours après lui, comme corrélatif, *quàm*). — *Felicior quàm prudentior* et *magis temerarius quàm peritus* (et non *peritior*). — *Doctior est quàm putas.* — *Validior manuum* (3).

Les deux qui suivent méritent qu'on s'y arrête :

1° Quand les deux termes comparés sont deux substantifs ou pronoms, si le premier est à *l'accusatif* comme *sujet d'une proposition infinitive,* le second prend le cas du premier.

Ex. : *Nec tu id indignari posses, aliquem meliorem bello haberi, quam* TE. (*Conc.*, p. 156, 1. 20.) *Te* à l'accusatif, parce qu'*aliquem* est sujet de la proposition infinitive.

---

(1) Bonus, melior, optimus. — Malus, pejor, pessimus. — Magnus, major, maximus. — Parvus, minor, minimus.

(2) L'adjectif français *sévère* se rend en latin par *severus, a, um,* lequel fait au superlatif *severissimus,* et non *severrimus.*

(3) On met *validior manuum* au lieu de *validissima manuum,* comme on met *alter,* au lieu d'*alius, neuter* au lieu de *nullus, prior* au lieu de *primus.* (V. ch. suiv. § XVII, *alius.*)

DES COMPARATIFS ET SUPERLATIFS.

2° Dans les autres cas, il faut absolument former une nouvelle proposition avec le verbe *sum* et le nominatif.

Meliorem equum habet, quam TUUS EST; *tuus* au nominatif, parce qu'*equum* est un simple complément direct de *habet*. De même quand le premier terme de la comparaison est au génitif, au datif, ou à l'ablatif.

Utor medico doctiore quàm TUUS EST.

— Voici maintenant des locutions qui se rapportent au comparatif et qui s'écartent de nos habitudes françaises.

1° Le comparatif latin offre plus d'un sens, et, suivant le cas, *doctior*, par exemple, signifiera : *savant ; plus savant; très-savant; trop savant; assez savant;* enfin, *un peu savant*. Le bon sens choisira entre ces diverses significations.

2° Après les deux adjectifs *superior* et *inferior*, on emploie *quàm* ou l'ablatif. *Superior, inferior fratre*, ou *quàm frater* (et non *fratri*).

3° *Plus de, moins de,* suivis d'un nom de nombre, donnent lieu aux locutions suivantes :

Plus quingenti, plus quàm quingenti, quingenti et amplius.

Minùs quingenti, minùs quàm quingenti.

Ex. : « *Quis dubitat exarsisse eos, quùm* PLUS DUCENTORUM ANNORUM *morem solveremus.* » (*Conc.*, p. 87, l. 16.) *Plus ducentorum* pour *plus quàm ducentorum*.

« *Cannensem quisquam exercitum fugæ insimulare potest, ubi* PLUS QUINQUAGINTA MILLIA HOMINUM *cciderunt?* » (*Conc.*, p. 161, l. 15.) *Plus quinquaginta*, pour *plus quàm quinquaginta*.

4° Il arrive de comparer une chose, non point avec une autre, mais avec ce qu'on croit qu'elle est, qu'elle peut ou doit être. De là, ces latinismes : *Major opinione, spe, exspectatione; — sævior justo, æquo; — tristior solito*, etc., etc. (Plus grand qu'on ne l'eût pensé, espéré, etc.)

5° Enfin le comparatif fournit parfois une manière très-élégante de traduire le superlatif.

Ex. : La renommée, le plus rapide des fléaux : *tournez*, la renommée, fléau *en comparaison duquel* un autre n'est pas plus rapide : *Fama, malum quo non velocius ullum est.* (Virg.)

« *Eadem fortuna... præmia vobis ea victoribus proponit,* QUIBUS AMPLIORA *homines ne a Diis quidem immortalibus optare solent.* » (*Conc.*, p. 126, l. 7.) La même fortune vous tient en réserve, si vous êtes vainqueurs, les plus belles récompenses que les hommes puissent demander même aux dieux immortels. — Des récompenses *en comparaison desquelles* les hommes n'ont pas coutume..., etc.

Superlatifs.

Observations préliminaires. Les superlatifs latins en *rimus* et en *issimus*, en *rime* et en *issime*, de même que les superlatifs grecs en ιστος et en τατος, rendent plus particulièrement le *superlatif relatif* français. Ainsi *pulcherrimus* et *sanctissimus* signifie, en général, *le plus beau, le plus saint* (des hommes), et non : (un homme) *très-beau, très-saint*. *Très, fort, bien*, devant un positif, se rendent d'ordinaire par *valdè, multùm, prorsùs, admodùm. Vir valdè sapiens*. (Voir plus loin les adverbes de quantité.)

§ XII. — Pour renforcer le sens du *superlatif*, les Latins ont trois moyens principaux : tantôt ils emploient, comme devant le *comparatif*, *multò* ou *longè*, qui répond au tour français : *de beaucoup* (1).

Tantôt ils le font précéder de *quàm*, qui traduit la locution française *le plus possible*.

Tantôt enfin, et c'est le tour le plus remarquable, ils ajoutent au superlatif *unus*, ou *unus omnium*, qui répond au tour français : *sans comparaison*.

---

(1) On trouve aussi, mais plus rarement, l'adverbe *vel* employé d'une manière analogue devant le superlatif. *Aristides vel justissimus hominum fuit.* Aristide fut (je puis même dire) le plus juste des hommes.

DES COMPARATIFS ET SUPERLATIFS.

Ex. : *Multò*, ou *longè sapientissime*.

— *Quàm sapientissimus, quàm sapientissime* (1). Le plus sage possible, le plus sagement possible.

— « *Omnibus aut ipse adfui cladibus, aut, quibus abfui,* MAXIMÈ UNUS OMNIUM *eas sensi.* (*Conc.*, p. 175, l. 14.) « Ou j'ai assisté à nos défaites, ou s'il en est où je n'étais pas, c'est moi qui en ai ressenti le plus les effets. »

L'adverbe *unicè* et l'adjectif *unicus* se prennent souvent dans le même sens. *Te* UNICÈ *diligo;* je te chéris (sans comparaison) par-dessus tous les autres, ou, très-tendrement.

Le dictateur Camille, voulant exprimer l'idée que l'emplacement de Rome a été merveilleusement choisi pour favoriser l'agrandissement de la république, emploie ces mots : « ... *ad incrementum urbis natum* UNICÈ *locum.* » (*Conc.*, p. 54, l. 7.)

Les Latins affectionnent aussi la tournure qui consiste à joindre au superlatif le pronom *quisque* qui se rend alors en français par l'adjectif *tout* au pluriel ou qui ne se rend pas. — *Optimus quisque,* (*tous*) *les plus honnêtes* gens.

« ASPERRIMA QUÆQUE *ad laborem periculumque deposcimus.* » (*Conc.*, p. 162, l. 19.) Nous demandons qu'on nous impose *tout ce qu'il y a de plus rude* en fait d'épreuves et de périls.

« FORTISSIMA QUÆQUE *consilia tutissima sunt.* » (*Conc.*, p. 166, l. 21.) — Les résolutions les plus courageuses sont aussi les plus sûres.

---

(1) A cette tournure se rapportent les suivantes qu'il ne faut imiter qu'avec discrétion et seulement si l'on est bien sûr de soi. *Tàm prudens est quàm qui maximè;* il est aussi prudent que qui que ce soit. — *Tanti fit quanti qui plurimi;* il est aussi estimé qu'homme du monde. — *Tàm piger est quàm quum maximè;* il est aussi paresseux que jamais. — *Hic honoratur quantum ubi maximè;* il est aussi honoré ici qu'en aucun lieu du monde. Il est facile de voir que, dans ces phrases, le verbe de la première proposition est sous-entendu à la seconde.

CHAPITRE IV

ADJECTIFS NUMÉRAUX OU NOMS DE NOMBRE.
ADJECTIFS DÉTERMINATIFS ET PRONOMS.

§ XIII. — Nombres cardinaux : *Unus, a, um.*

Cet adjectif a un pluriel (*uni, unæ, una, unorum,* etc.), que l'on joint à certains substantifs qui ne sont employés qu'au pluriel. On dira donc *una castra* pour signifier *un seul camp* par opposition à *plusieurs.*

Unus, a, um, signifie souvent *seul, unique.* En ce cas, il a également les deux nombres, comme tout autre adjectif.

Duo, Ambo.

Duo signifie *deux; ambo* signifie *les deux, tous les deux,* lorsqu'on parle d'objets *qui vont ensemble* (*ambæ manus*) ou *dont il a été déjà question* (*ambo juvenes, les deux jeunes gens précités*).

Déclinaison de *duo.*

Nom. *Duo, duæ, duo ;*   Gén. *duorum, duarum, duo-*
                                                         rum.
Acc. *duos,* ou *duo, duas, duo ;* Dat. et abl. *duobus, duabus,*
                                                         duobus.

Ambo se décline de la même manière.

Entre *dix* et *vingt,* cinq nombres ont deux formes :
Treize, *tredecim,* ou *decem et tres, tria,* (le plus grand nombre le premier).
Seize, *sedecim* ou *decem et sex.*   id.
Dix-sept, *septemdecim* ou *decem et septem.*   id.
Dix-huit, *duodeviginti* ou *decem et octo.*   id.
Dix-neuf, *undeviginti* ou *decem et novem.*   id.

Depuis *vingt* jusqu'à *cent,* quand le nombre est composé de deux chiffres, on les unit par *et,* si l'on met le plus petit le premier ; on supprime *et*, si le plus grand précède le plus petit.

Unus et viginti, ou *viginti unus.*
Duo et triginta, ou *triginta duo*, etc.

Au-dessus de *cent*, le plus grand chiffre va toujours le premier, avec ou sans *et*. Et l'on ne met jamais qu'un seul *et*, quelle que soit la quantité des termes dont le nombre total est composé.

Centum et sexaginta, ou *centum sexaginta.*
Centum et sexaginta quatuor, ou *centum sexaginta quatuor.*

Mille se traduit par *mille* ou *millia.*

Mille est adjectif ou substantif. *Mille homines,* mille hommes ; *cum mille et quingintis militibus :* avec quinze cents soldats.

Comme substantif, *mille* répond au français *un millier. Mille hominum,* un millier d'hommes. Le verbe dont il est le sujet se met au singulier ou au pluriel.

Mille hominum VERSATUR (ou) VERSANTUR *in hoc fundo.*

Mais il vaut mieux employer comme substantif *millia, millium, millibus.*

Tria millia hominum, tribus millibus hominum, etc.

Nombres ordinaux. Quand ces nombres sont composés, les chiffres composants prennent la terminaison *ordinale.* De 13 à 19, le plus petit nombre se met le premier sans *et ;* au-dessus de 20, le plus petit se met le premier avec *et,* et le second sans *et.*

Ludovicus *quintus decimus.* — *Primus et vicesimus* ou *vicesimus primus.* — *Tertius et centesimus,* ou *centesimus tertius.* — Au-dessus de *millième*, on met devant *millesimus* les adverbes *bis, ter*, etc. : *bis millesimus.*

Déterminatifs.

Is, ea, id, — *hic, hæc, hoc,* — *Iste, ista, istud,* — *ille, illa, illud.*

NOTA. — Ces mots employés seuls sont des *pronoms ;*

s'ils accompagnent un substantif, ils sont dits *adjectifs.*
De même pour *idem, ipse, alius, alter*, etc. (1).

§ XIV. — Il arrive aux Latins d'employer indifféremment les uns pour les autres ces quatre adjectifs ou pronoms. Chacun d'eux a pourtant dans l'occasion son sens propre et exclusif.

Dans leur acception primitive, *hic* signifie *celui qui est près de moi, près de nous; iste, celui qui est près de toi, de vous; ille,* tout autre. *Hic* se rapporte donc plutôt à la première personne; *iste*, à la seconde; *ille*, à la troisième. *Is* est plus particulièrement l'antécédent de *qui, quæ, quod,* et ne désigne expressément aucune personne de préférence aux deux autres. (Il va sans dire que *hic, iste, ille,* tout en se rapportant spécialement à telle ou telle personne, peuvent aussi jouer le rôle d'antécédents.)

« Hæc *omnia occurrebant...* Hoc *cœlum sub quo natus educatusque eram.* » (*Conc.*, p. 60, l. 30.) Tous ces objets *qui nous entourent* se présentaient à mon imagination, etc.

Hic indique si bien la première personne, qu'il est parfois synonyme d'*ego,* comme le grec ὅδε, ou de *meus*. Ex.: Tu si *hic* sis, aliter sentias (*hic*, c.-à-d. *ego*). — Hoc corpus, comme en grec τόδε σῶμα (ce corps, c.-à-d. *mon* corps).

« *Sed quæ tandem* ista *merces est, quâ vos semper tribunos plebis habeamus?* » (*Conc.*, p. 72, l. 24.) *Ista merces*, cette récompense *que vous réclamez*, et moyennant laquelle nous aurons le bonheur de vous avoir pour tribuns.

« *Vos potius, Romani, beneficio vestro occupate Capuam quàm* illos (*Samnites*) *habere per maleficium sinatis.* » (*Conc.*, p. 80, l. 1.) *Illos Samnites,* ces Samnites *qui nous assiègent là-bas* (où nous ne sommes ni vous ni moi).

« Quod *Deos immortales expoposci,* ejus *me compotem voti vos facere potestis.* (*Conc.*, p. 84, l. 6.) La faveur *que*

---

(1) Remarquez que *iste, ille, alius,* font au neutre : *istud, illud, aliud,* tandis que *ipse* fait *ipsum*.

j'ai demandée aux dieux immortels, il dépend de vous qu'*elle* me soit accordée.

Les Latins ajoutent élégamment *is, ea, id*, à l'antécédent d'un pronom relatif, et même remplacent par ce démonstratif l'antécédent sous-entendu, dans des phrases où le français se contente de l'article *le, la, les*, ou emploie l'indéfini *un, une, des*. Ex. : *Eâ* gloriâ quæ parta est vivendum atque moriendum est. (Il me faut vivre et mourir avec *la* gloire (avec cette gloire particulière) que j'ai conquise).

Quæ mihi æmulatio cum *eo* esse potest, qui ne filio quidem meo æqualis sit. En quelle rivalité puis-je être avec *un homme* qui n'a pas même l'âge de mon fils ?

Ce qu'on vient de dire explique pourquoi, dans la langue du barreau, *hic* signifie mon client, *iste*, mon adversaire, et *ille* toute autre personne.

Iste est quelquefois pris en mauvaise part, parce qu'on passe facilement de l'idée d'adversaire à celle de personne ou de chose méprisable ; au contraire, *ille* a parfois le sens emphatique. *Homines* ISTIUS *modi*. — ILLE *Marcus Cato*. — Des gens de cette espèce, *fam.* : de cet acabit. — Ce célèbre M. Caton.

Ces quatre démonstratifs servent indifféremment à rendre le déterminatif français *ce* placé devant le verbe *être* et un substantif qui suit.

Quand je dis en français : « *C'est une partie de la vie heureuse que de se contenter de peu*, » je veux faire ressortir principalement l'idée qui commence cette réflexion, et mettre en relief les mots : *Une partie de la vie heureuse*. » Les Latins suppriment la tournure et mettent en tête de leur phrase le substantif :

Pars est vitæ beatæ...;

Ou bien ils rendent le démonstratif par *is, ea, id, hic, iste, ille ;* mais *ils mettent l'adjectif au genre et au nombre du substantif :*

EA *pars est vitæ beatæ, parvo esse contentum.*

II *sunt insani ; ce* sont des insensés.

Ils disent de même : *quæ* magna felicitas est ; *ce qui* est un grand bonheur.

Quæ dicitur philosophia ; la prétendue philosophie (*ce qui* s'appelle philosophie).

Au contraire, il leur arrive de supprimer le démonstratif dans des locutions où figure en français *celui, celle, ceux*, etc.

« *Si ora Italiæ infestior hoc anno, quàm Africæ, fuit.* » (*Conc.*, p. 156, l. 17.) Si les rivages de l'Italie ont été cette année plus infestés que *ceux* d'Afrique. — On ne pourrait mettre *quàm* ILLA *Africæ*, que si l'on voulait donner un sens emphatique au déterminatif et exprimer ainsi cette idée : *ces rivages bien connus, ces rivages tant vantés*, etc.

§ XV. — *Idem, eadem, idem.*

1° Les Latins, pour désigner deux qualités *différentes* réunies dans le même sujet, aimaient à employer *idem, eadem, idem*. Ce mot traduit en ce cas la locution française *à la fois* ou *tout ensemble*.

« *Homines sceleratissumi, cruentis manibus, immani avaritiâ, nocentissumi*, IIDEMQUE *superbissumi.* » (*Conc.*, p. 338, l. 2.)... Les plus coupables *à la fois* et les plus orgueilleux.

2° Ils se servaient du même terme pour dire : *Une autre fois ; en revanche, en retour ; aussi, également, non moins.*

Dans une énumération des sacriléges de Denys le Syracusain, l'historien raconte que le tyran fit enlever à une statue de Jupiter le manteau d'or qui la couvrait, puis il continue ainsi ; IDEM (le même homme) *Epidauri Æsculapio barbam auream demi jussit...*, et plus loin : IDEM *mensas argenteas atque aureas sustulit...* (Dans les deux cas, *idem* se traduirait bien par *une autre fois*.)

Appius Claudius (*Conc.*, p. 48, l. 8), parlant de la solde qu'on venait d'établir, dit au peuple : « *Molestè antea ferebat miles se suo sumptu operam reip. dare ; gaudebat*

IDEM *partem anni se agrum suum colere*. (Ici le même mot répond à la locution française : *en revanche*.)

Enfin on trouve dans Virgile (*Georg.*, chant Ier, v. 71), au milieu de conseils adressés au laboureur :

Alternis IDEM *tonsas cessare novales,*
Et segnem patiere situ durescere campum. — Toi, *le même laboureur à qui j'ai donné d'autres conseils*, tu laisseras... etc. (c.-à-d. Tu feras bien *encore* de laisser, etc.).

3° Le *que* après *idem, eadem, idem*, se rend par *qui, quæ, quod*, ou par *et, ac, atque*. Ex. : *Eadem utilitatis quæ honestatis est regula*. La règle de l'utile est la même que celle de l'honnête.

(*Par* s'emploie quelquefois comme synonyme de *idem*, et il est suivi de *et, ac* ou *atque*. *Par spatium atque est*. La même distance que celle qui existe. *Pariter atque*, de même que.)

Quæritur idemne sit pertinacia ET *perseverantia*, (ou) ATQUE, (ou) AC *perseverantia*. On demande si l'obstination est *la même chose que* la persévérance.

§ XVI. — *Ipse, ipsa, ipsum*, donne lieu, de son côté, à deux tournures également remarquables.

1° Il y a des phrases françaises dont le verbe, pronominal ou réfléchi, est suivi des pronoms personnels *moi-même, toi-même*, etc., qu'on traduit en latin par *ipse, a, um*. Celui-ci reste au *nominatif*, s'il se rapporte *au sujet qui fait l'action plutôt qu'à l'attribut qui la subit*. Ex. : Je me console moi-même; (*c'est moi-même qui me console*), *me ipse consolor*.

Mais on dirait : ME IPSUM *consolor*, si l'on voulait dire : *Je me* console *moi-même*, et je ne console pas les autres. Autrement dit, mettez *ipse* au même cas que le nom ou pronom sur lequel retombe l'idée de *même*.

2° En français, nous ajoutons souvent à l'adjectif possessif le mot *propre*. Il fit périr sa *propre* mère. Les Latins expriment ainsi la même idée : *Suam ipsius* (comme s'il y avait *sui ipsius*) *matrem interfici jussit.*

Suos ipsarum conjuges Danaides interfecerunt.

Unus s'emploie d'une manière analogue : *Tua unius causa,* pour *tui unius causa.* (Voy. § XVIII.)

§ XVII. — On a pu remarquer que tous les déterminatifs précités, excepté *hic*, ont le génitif en *us*, le datif en *i*, l'ablatif en *o, a, o*. Il y a toute une classe d'adjectifs ou pronoms qui suivent cette déclinaison. On les reconnaît en ce qu'ils expriment plus ou moins une idée de nombre ou de quantité, et non *une qualité bonne ou mauvaise*. Ce sont : *unus* et *solus; ullus* et *nullus; totus; alius* et *alter; uter* et ses composés *uterque, neuter, alteruter*. Exceptez *cunctus, universus, reliquus,* qui se déclinent entièrement sur *bonus, a, um*.

Nota. Observations particulières sur *alius*. 1° Après *alius*, le *que* français se rend par *alius* répété, ou par *ac, atque, et,* dans les propositions affirmatives, par *quàm* dans les propositions interrogatives ou négatives, ou par *nisi,* quand on peut tourner par *si ce n'est*. Ex. : *Alia* sentit, *alia* loquitur. Il parle autrement *qu'*il ne pense. (C'est le premier des deux *alia* qui rend le *que* du français.)

— *Lux longè alia est solis* ET *lychnorum.* (Cic.) La lumière du soleil est tout autre que celle des flambeaux.

— *Non aliud Eumeni defuit* QUAM *generosa stirps.* (Corn. N.). (L'auteur eût pu écrire *nisi generosa stirps* au lieu de *quàm,* etc.)

— *Quid aliud,* QUAM *admonemus...* (*Conc.*, 37, l. 5) (1).

---

(1) Remarquez, pour l'imiter à l'occasion, ce tour elliptique : *quid aliud quàm admonemus...,* pour *quid aliud agimus quàm admonemus*. Notez aussi le verbe qui suit *quàm* au même mode et au même temps que celui qui précède. En français, on aurait le mode infinitif précédé de la préposition *de*. Autre exemple plus remarquable encore du même tour : *quid aliud quàm admonendi essetis,* pour : *quid aliud agendum esset quàm admonere vos...* (Conc., p. 140, l. 3.)

Cette règle s'applique aux adverbes qui sont analogues ou opposés à *alius* : *aliter, secus, æquè.* Ex. : *Aliter* cum tyranno, *aliter* cum amico vivitur.

— *Nulla virtus est qua ego* ÆQUE ATQUE *temperantia gloriatus fuerim.* (*Conc.*, p. 211, l. 13.)

« *Positis adversus mortales certaminibus*, HAUD SECUS QUAM *Deos, consulere vos humano generi oportet.* » (*Conc.*, p. 262, l. 7.) Puisque vous en avez fini avec les guerres contre les mortels, il ne vous convient pas moins qu'aux dieux de veiller au bonheur du genre humain. (Il faut que vous veilliez, *non autrement que* les dieux, etc.)

2° Une même proposition peut renfermer soit deux cas d'*alius*, soit l'adjectif *alius* à un cas quelconque avec un adverbe formé d'*alius* lui-même, qui soient opposés l'un à l'autre. L'un des deux se traduit bien par *chaque* ou *chacun*, et l'autre par l'adjectif *différent* ou l'adverbe *différemment*. Ex. : *Aliud aliis* videtur optimum ; *chacun* juge *différemment* de la perfection. — *Alii alio* dilapsi sunt ; *chacun* s'enfuit d'un côté *différent*.

3° *Alius* s'emploie en parlant *de plusieurs* personnes, *alter* en parlant de *deux*. Opposez de même à *nemo* ou *nullus*, à *quis*, à *quisque*, à *undique*, à *primus, neuter, uter, uterque, utrinque, prior*, qui éveillent toujours l'idée de *deux*. (Voyez aux comparatifs la règle *Validior manuum*.)

Les Latins ont encore deux autres adjectifs qui rendent l'adjectif français *autre*. Ce sont : (*Ceterus*), *a, um, ceteri, æ, a*, et *reliquus, a, um*. Le premier signifie *tout ce qui reste* d'un *tout* dont une partie a été désignée auparavant par *alii*, ou *quidam*, ou quelque mot analogue.

Ex. : *Ceteri sophistæ*, tous les autres sophistes (dont je n'ai pas fait mention comme des autres).

Reliquus veut dire *qui reste, qui est de reste, qui est de surplus, qui reste de...*

Ex. : *Pecuniam reliquam solvere*. Solder un reliquat de compte. — *Reliqua vita*, le temps qui reste à vivre. — *Reliqui magistratus*, tous les autres magistrats.

Enfin, signalons le mot *singuli* qui traduit la locution française *les uns après les autres*, et qui veut dire aussi *un à un, un pour un*, comme *bini* veut dire *deux à deux*, *terni*, trois à trois, *quaterni*, quatre à quatre.

Lhomond traduit la phrase : *Pierre et Paul se louent l'un l'autre, Petrus et Paulus se invicem laudant*. Il est justifié par Tacite qui, parlant des contemporains de Cicéron (*Dial. des Orateurs*), a dit : *se invicem obtrectabant;* ils se dénigraient les uns les autres; cependant, avec *invicem*, les Latins ne semblent pas, en général, employer le pronom réfléchi. Pline le Jeune dit : *invicem diligere — invicem nihil imputare*, pour : *s'entr'aimer, ne se rien reprocher l'un à l'autre*.

§ XVIII. — Double sens des adjectifs et pronoms possessifs.

Les Latins employaient également *au sens actif et au sens passif* leurs adjectifs possessifs, notamment avec les mots *injuria, odium, invidia, gratia*, et les analogues. Ainsi *tuus amor* peut signifier *l'amour qu'on te porte*, ou bien : *l'amour que tu portes à tel ou tel*. Exemples : « *Nec esse in vos* ODIO VESTRO *consultum ab Romanis credatis*. Ne croyez pas non plus que ce soit *par haine contre vous* que les Romains ont pris des mesures qui vous sont funestes. (*Conc.*, p. 220, l. 17.) *Odio vestro*, pour *odio vestri*.

« *Si quibus* (pour *aliquibus*) *tuorum* MEIS CRIMINIBUS *apud te crescere libet*, » s'il plaît à quelques-uns de tes courtisans d'accroître auprès de toi leur crédit en m'accusant. (*Conc.*, p. 251, l. 19.) *Meis criminibus*, pour *me criminando*.

Ce sens passif de *vestro* et de *meis*, dans ces deux exemples, explique la tournure citée plus haut (parag. XVI), et montre comment *suam ipsius matrem* revient à *sui ipsius*.

Toutefois le *sens passif* est le plus souvent rendu par *le génitif des pronoms personnels : mei, tui, sui, nostri, vestri*.

Nicias vehementer TUA SUI *memoriâ delectatur*. *Tuâ*,

sens actif; le souvenir *que tu gardes; sui*, sens passif; le souvenir *dont il est l'objet de ta part*.

§ XIX. — *Nostrûm, nostri*. — *Vestrûm, vestri* (1).

Parmi les pronoms personnels, *nos* et *vos* ont deux formes de génitifs : *nostrûm, vestrûm, nostri, vestri*. Employez *nostri, vestri* au sens *collectif* ou *réfléchi;* employez *nostrûm, vestrûm* au sens *partitif*.

Sens réfléchi. NOSTRI *melior pars animus est.* Il y a retour, pour ainsi dire, de l'homme sur lui-même, pour rentrer au-dedans de lui-même.

... *Ut nolimus quemquam* NOSTRI *similem evadere civem.* (*Conc.*, p. 200, l. 15.) Même cas que le précédent... (pour ne pas vouloir que personne devienne semblable à *nous*).

Sens collectif. Habetis ducem memorem VESTRI, *oblitum sui;* Cicéron, en prononçant ces mots, applique *au corps entier du Sénat* plutôt qu'*à chaque sénateur* en particulier le sentiment qui l'anime. De là *vestri*. Au cas contraire, il eût dit *vestrûm*.

Sens partitif. Nemo NOSTRUM *ignorat.* — *Optimæ parti* VESTRÛM *parcetur.* (On épargnera les meilleurs d'*entre vous*, qui serez considérés isolément, un à un.)

Toute collection peut être envisagée comme une sorte d'unité. C'est pour cette raison que les Latins, considérant comme un singulier *nostri* et *vestri*, disaient *vestri adhortandi causâ* (*Conc.*, p. 123, l. 1), et non *adhortandorum*. — *Nostrûm* et *vestrûm*, au contraire, sont du pluriel.

Volontiers aussi ils assimilaient à des *partitifs* les singuliers neutres de tous les déterminatifs, *id, hoc, istud, illud, idem, quid, aliquid, quidquam*, le neutre *aliud*, l'adverbe *nihil*, l'adjectif *dimidium*, etc. Ils prenaient pour un *tout* le nom qui les accompagnait, et le déterminatif indiquait en quelque sorte *la part, la portion qui en était détachée*.

---

(1) Sur l'emploi de *suus, a, um*, et de *sui, sibi, se*, voir chap. XIII, §§ 41 et 42.

De là, les locutions qui suivent : *Habet iracundia* HOC MALI. — *Natura* ALIUD *alii* COMMODI *muneratur.* — *Tibi* IDEM CONSILII *do,* etc. (pour *hoc malum — aliud commodum — idem consilium.*)

§ XX. — On reviendra plus loin (ch. VIII, § XXXI), sur les relatifs et les interrogatifs. Toutefois, il convient de citer ici les adjectifs ou pronoms dans la composition desquels entrent le relatif *qui, quæ, quod*, et l'interrogatif, *quis, quæ, quid* et *quod*. Les élèves ne sauraient trop en distinguer les significations diverses.

Composés de *qui, quæ, quod*.

Quidam (un certain, un certain homme), *quædam, quoddam* ou *quiddam. Quoddam* est adjectif et accompagne un nom ; *quiddam* est substantif, et s'emploie seul pour signifier *une certaine chose, quelque chose*. Même remarque sur tous les neutres dans la composition desquels entre *quod* ou *quid*. Au contraire, les masculins et féminins peuvent être indifféremment adjectifs et pronoms ; autrement dit, s'employer avec ou sans substantif.

Quilibet, tout homme, qui tu voudras, et non pas *tout homme qui,* ni *quiconque ; quælibet, quodlibet* et *quidlibet*.

Quivis, quævis, quodvis et *quidvis* (même sens).

Quicumque, quæcumque, quodcumque. Quicumque, quiconque, tout homme qui. Vrai synonyme d'*omnis qui*, il annonce au moins deux propositions : *une principale*, à laquelle se rattache l'idée d'*omnis ; une incidente*, dominée par *qui*, à quelque genre, nombre et cas que ce soit.

Ex. : *Quoscumque libros petes, eos ad te mittam.* Traduisez comme s'il y avait : *quos libros petes, eos* omnes *ad te mittam*.

Composés de *quis, quæ, quod* ou *quid*. (Voir la remarque sur *quoddam* et *quiddam*.)

Quisquam (quelque, quelqu'un), *quæquam, quodquam* ou *quidquam*. Ce mot, synonyme d'*aliquis*, s'emploie *dans les phrases interrogatives ou négatives*.

Exemple.

Interrogation : *Et quisquam numen Junonis adoret?* (Virg. En. I.) quelqu'un adorerait-il encore la puissance de Junon?

Négation : *Non melior quisquam fuit* (Ovide). — *Neque cuiquam nostrûm licuit...* (Salluste), (v. § XXVII, négations.)

Quispiam, même sens et même déclinaison.

Quisque (chaque, chacun), *quæque, quodque* et *quidque*.

Unusquisque (même sens), *unaquæque, unumquodque* et *unumquidque*.

Aliquis (quelque, quelqu'un), *aliqua* (1), *aliquod*, et *aliquid*. Pluriel neutre : *aliqua*, comme au féminin singulier. Après *si, ne*, supprimez *ali* : *si quis, ne qua*. Supprimez encore *ali* dans les phrases où vous employez *aliquis* à la place de *quisquam*, comme le faisaient parfois les Latins.

Ecquis (quel homme, y a-t-il un homme qui, quel), *ecqua, ecquod, ecquid*. Pluriel neutre : *ecqua*, comme le féminin singulier. Ce mot appelle généralement une réponse négative, à moins que celui qui l'emploie n'exprime soit un ardent désir, soit une passion vive dont son âme est agitée.

Ex. : *Ecquod judicium Romæ tam dissolutum?* Y aura-t-il à Rome des juges assez iniques? (Voy. ch. IX, § XXXIII, fin.)

Quisquis, synonyme de *quicunque*, et, comme celui-ci, relatif composé qui revient à *omnis qui*. Il ne faut guère en employer que les formes suivantes : *quisquis*, masculin et féminin ; — *quidquid* et *quotquot* pour les trois genres.

NOTA. On voit que les Latins, comme les Grecs, ont deux relatifs. *Qui, quæ, quod*, comme ὅς, ἥ, ὅ, s'emploie dans les phrases déterminées; et *quicunque, quæcunque*,

---

(1) Remarquez que dans les composés de *quis*, le féminin singulier et le neutre pluriel sont en *æ*, si *quis* commence le mot (*quispiam, quæpiam*), et en *a* s'il en est autrement (*aliquis, aliqua*, et non *aliquæ*; *ecquis, ecqua*, et non *ecquæ*).

quodcunque, ou *quisquis, quidquid*, comme ὅστις dans les phrases indéterminées. Seulement ces deux derniers peuvent signifier aussi : qui...que, quel...que. *Quisquis es*, qui que tu sois. *Quodcumque dicas*, quoi que tu dises.

CHAPITRE V

DU VERBE.

§ XXI. — Formation des temps. Il y a dans les verbes quatre formes d'où dérivent toutes les autres. Sachez avant tout *si elles existent et quelles elles sont ;* c'est l'unique moyen d'éviter les barbarismes au moins dans les verbes.

1° *La première personne* du présent de l'indicatif forme *l'imparfait, le futur simple, le présent du subjonctif, le participe présent, les gérondifs*, et, au passif, *le participe* en *dus, da, dum*.

Am-o, abam, abo, em, ans, andi, ando, andum, andus, a, um. — *Mon-eo, ebam, ebo, eam, ens, endi, endo*, etc. *Leg-o, ebam, am, am, ens, endi, endo, endum, endus, a, um*, etc.

2° *La première personne* du parfait indicatif forme *tous les passés actifs*, excepté *le futur passé de l'infinitif*.

Amav-i, eram, ero, erim, issem, isse, etc.

NOTA. Le futur passé indicatif et le parfait du subjonctif ne diffèrent qu'à la première personne du singulier. *Amavero, amaverim*. Ainsi le futur passé *amavero* fait à la troisième personne du pluriel *amaverint*, mais *ero*, futur simple du verbe *sum*, fait à cette même personne : *erunt*.

3° *Le présent de l'Infinitif* forme, à l'actif : *l'Impératif et l'Imparfait du subjonctif ;* au passif : *l'Infinitif présent*. *Amare, ama, amarem, amari.* — *Legere, lege, legerem, legi.* — *Audire, audi, audirem, audiri*, etc.

4° *Le supin* forme, à l'actif : *le participe* en *rus, ra, rum ;* au passif : *le supin* en *u*, et *le participe passé*. *Amat-um, amat-urus, amat-u, amat-us*.

DE CERTAINES FORMES DES VERBES. 37

La formation des autres temps du passif n'offre aucune difficulté.

Explication de certaines formes des verbes.

§ XXII. — SECONDE PERSONNE du singulier PRÉSENT INDICATIF et IMPARFAIT DU SUBJONCTIF dans les verbes en *ior*, passifs ou déponents, de la troisième et de la quatrième conjugaison.

Tout verbe qui a l'*Infinitif présent*, passif ou déponent, en *i*, est de la troisième conjugaison, et fait *la seconde personne du présent indicatif en eris, ere, et l'imparfait du subjonctif* en *erer*. Ce qui trompe souvent les élèves, c'est qu'ils tiennent compte hors de propos de la première personne en *ior*, et se figurent que le verbe est de la quatrième conjugaison.

Ainsi *accipior*, infinitif *accipi*, fera *acciperis, ere*. — *acciperer. Patior, pati,* — *pateris, ere, paterer. Morior, mori,* — *moreris, morere, morerer.*

Tout verbe qui a *l'infinitif présent* en *iri* est de la quatrième conjugaison et fait *la seconde personne du présent de l'Indicatif* en *iris, ire,* et *l'Imparfait du subjonctif* en *irer*.

Potior, potiri, — *potiris, ire,* — *potirer.*

Voici donc le tableau que présentent ces verbes conjugués au présent de l'Indicatif, au futur, au présent et à l'Imparfait du subjonctif.

Troisième conjugaison.

Présent.	Futur.	Présent subj.	Imparfait.
Morior	*Moriar*	*Moriar*	*Morerer.*
Moreris, morere	*Morieris, iere*	*Moriaris, iare*	*Morereris.*
Moritur	*Morietur*	*Moriatur*	*Moreretur.*
Moriuntur	*Morientur*	*Moriantur*	*Morerentur.*

Quatrième conjugaison.

Présent.	Futur.	Présent subj.	Imparfait.
Potior	*Potiar*	*Potiar*	*Potirer.*
Potiris, ire	*Potieris, iere*	*Potiaris*	*Potireris, irere.*
Potitur...	*Potietur*		
Potiuntur	*Potientur*	*Potiantur*	*Potirentur.*

IMPÉRATIF ACTIF ET PASSIF OU DÉPONENT.

Actif.	Passif.
Ama, amato;	Amare, amator.
Amato ille (ou amet, 3° pers. du subj.)	Amator ille (ou ametur 3° pers du subj.)
Amemus (1re pers. du subj.)	Amemur (1re pers. du subj.)
Amate, amatote.	Amamini.
Amanto (ou ament 3° pers. du subj.)	Amantor (ou amentur 3° pers. du subj.)

Observations. 1° Les formes en *to, tor*, expriment l'idée du futur :

Veni, viens à l'instant ; *venito*, viens (tu pourras, tu devras venir).

Si dimicandum erit, tum tu in novissimos te RECIPITO. (*Conc.*, p. 85, l. 17.)

Voilà pourquoi ces formes se rencontrent si souvent dans les textes de lois. Dans les autres cas, *aux secondes personnes*, il faut prendre la première des deux formes : (*ama, amate, amare*) et *aux deux troisièmes personnes*, comme *à la première du pluriel*, il faut emprunter les formes du subjonctif : *amet, ametur, ament, amentur, amemus, amemur*.

2° La *seconde personne du pluriel* de l'impératif, au passif, ressemble toujours à *la seconde personne du pluriel* du présent indicatif, et la *seconde du singulier* de l'impératif ressemble toujours à la *seconde personne du singulier* (*deuxième forme*) du présent indicatif.

INDICATIF PRÉSENT.	IMPÉRATIF.
2° Pers. sing. *Amaris, amare*,	Amare.
2° Pers. pl. *Amamini*,	Amamini.

Futur du subjonctif.

Je dormirai équivaut à *je suis devant dormir, dormiturus sum*. En conjuguant le verbe *sum*, on aura, selon les cas, *eram, fui, sim dormiturus*, etc. Grâce à cette décomposition, on peut donner un futur au subjonctif latin.

Ex. : Je ne sais quand il viendra, (*quand il est devant venir*); *nescio quando venturus sit*. (Règle des interrogations indirectes.)

D'autre part, *je dormirai* a pour synonyme *il m'arrivera de dormir*, ou, *il arrivera que je dorme*. Mais comme *il arrivera* équivaut à *il est devant arriver*, *je dormirai* pourra se traduire encore : *futurum est ut dormiam*, ou, si l'on a besoin du subjonctif : *futurum sit*.

De là les tournures suivantes :

Nescio quandò venturus sit; nescivi quando venturus esset. Nescio quando futurum sit ut veniat; nescivi quando futurum esset ut veniret.

Nescio quandò futurum sit ut mittatur; nescivi quando futurum esset ut mitteretur. (V. ch. IX, § 32, sur *l'interrogation indirecte*, et ch. XII, § 38, sur *l'emploi du temps au subjonctif*.)

Futur de l'infinitif. Du verbe *DEVOIR*.

Le futur de l'infinitif, en français, se marque par le verbe *devoir*, qui devient alors verbe auxiliaire : *aimer, avoir aimé, devoir aimer*.

Mais ce mot a deux significations : il exprime soit *le futur*, soit *l'obligation*. Ex. : *Je dois partir*, c'est-à-dire : *Je vais partir, je suis destiné à, désigné pour partir, je me propose de, je songe à, j'ai l'intention de, je suis sur le point de partir*. — Sens futur.

Je dois suivre la loi; je suis dans l'obligation, dans la nécessité de suivre la loi; il est convenable que je suive la loi. — Sens d'obligation.

Le latin abonde en tournures pour rendre ces différentes idées.

Devoir, marquant le futur, se rend, *à l'actif*, par le participe en *rus, ra, rum*, ou, à son défaut, par une des locutions suivantes :

In eo sum ut, je suis sur le point de...
In animo, in mente habeo, j'ai l'intention de...

In animo, in mente mihi est... même sens.
Est mihi propositum... etc.

Ex. : *Si Siciliam tantum ac Sardiniam* RECUPERATURI ESSEMUS. (*Conc.*, p. 126, l. 9.) (Si *nous devions*, c.-à-d. si *nous nous proposions* seulement de recouvrer la Sicile et la Sardaigne.)

Si VOBIS IN ANIMO EST *tueri mænia vestra*. (*Conc.*, p. 55, l. 3.)

Au passif, on prend celle de ces dernières tournures qui s'accommode le mieux avec le sens précis de l'idée qu'on veut exprimer.

Ex. : *Il devait être mis à mort ;* IN EO ERAT *ut occideretur*. — *L'esclave devait être renvoyé par son maître, lorsque... Jam* IN ANIMO ERAT DOMINO *servum dimittere*, etc.

A l'infinitif en particulier, le futur *actif* se rend par le participe en *rus, ra, rum*, accompagné du verbe *esse*, ou, à son défaut, par la tournure *fore ut, futurum fuisse ut*, de même que *le futur du subjonctif* se rend par la tournure *futurum sit, esset, ut*. (Voir alinéa précédent.)

Au passif, le futur simple se rend par le *supin actif* avec *iri*, et mieux, par la tournure *fore ut ;* le futur passé, par la tournure *futurum fuisse ut*. (Les élèves ne doivent jamais confondre le participe passé accusatif avec le supin, ni oublier que dans la locution *damnatum iri*, par exemple, *damnatum*, supin régi par *iri*, verbe de mouvement (en vertu de la règle *eo lusum*), est absolument indéclinable.)

NOTA. Pour graver plus aisément cette règle dans l'esprit des élèves, nous usons du procédé suivant. Nous leur montrons le supin régi successivement par ces trois formes : *eo, itur, iri*, de cette sorte : *Eo lusum*, je vais jouer ; *itur lusum ;* on va jouer ; *credo iri lusum*, je crois qu'on va jouer. Qu'on mette maintenant à la place de *ludere* un actif (comme *legere*) escorté d'un régime direct (comme *meos libros*), on comprendra comment les Latins sont arrivés à cette forme : *credo meos libros lectum iri.*

Ex. : *Credo illum* ESSE VENTURUM — *Credo* FORE UT VENIAT. *Credo illum* VENTURUM FUISSE. *Credo* FUTURUM FUISSE UT VENIAT.

Credo eum, eam, eos, eas, DAMNATUM IRI — FORE UT DAMNETUR, DAMNENTUR.

Credo FUTURUM FUISSE UT DAMNETUR (Je crois qu'il aura été condamné). *Credidi, credebam...* FUTURUM FUISSE UT DAMNARETUR (1).

Devoir, marquant l'obligation, se rend, *à l'actif*, par *debeo, oportet,* ou *necesse est*, à moins qu'on n'aime mieux tourner par le participe passif en *dus, da, dum. Au passif*, il se rend par ce participe, à moins qu'on n'aime mieux tourner par l'actif.

Remarque. — *Necesse est* marque particulièrement une nécessité absolue, et signifie : *il faut absolument que, il est inévitable que, il est impossible que... ne pas.*

Ex. : *Hostem sopitum oportet fallatis, immo necesse est;* Vous devez surprendre votre ennemi pendant son sommeil; que dis-je? *il le faut absolument.* (*Conc.*, p. 83, l. 13.) *Oportet* et *necesse est* veulent après eux *la proposition infinitive* ou *le subjonctif* avec et même sans la conjonction *ut*. (Chap. XII, § XXXVIII, 2°.)

Voici donc quatre manières de rendre une même idée :

1. *Debes colere* patrem tuum.
2. *Oportet* { ut patrem tuum colas.
3. *Necesse est* { patrem tuum colas.
{ te patri tuo obsequi. (2) } Tenir compte de la différence de sens entre *oportet* et *necesse est*.
4. *Tibi tuus* pater colendus est.

---

(1) Voir le chapitre X sur la proposition infinitive, §§ XXXV et XXXVI.

(2) Il est à peine besoin de faire remarquer que si l'on a changé le verbe dans cette troisième tournure, c'est pour éviter l'amphibologie qu'eussent produite les deux accusatifs : *te* et *patrem tuum*.

Le participe en *dus, da, dum*, se conjugue avec le verbe SUM à tous les modes et à tous les temps. De là, même aux verbes neutres, l'emploi de ce participe pour marquer l'obligation dans son sens le plus indéfini.

> Ex. : *Eundum est Romam.* — Il faut aller, on doit aller à Rome.

Si l'auteur de l'action qui doit être accomplie est exprimé en français, soit *sous forme de sujet*, soit *sous forme de complément*, on le met *au datif* en latin, comme complément du participe en *dus, da, dum*.

> Ex. : *Audendum est aliquid* UNIVERSIS, *aut omnia* SINGULIS *patienda*. Mot à mot : *Tous ensemble doivent oser quelque chose, ou chacun en particulier souffrir tous les maux*. (*Conc.*, p. 67, l. 14.) (*Tous, chacun*, auteurs de l'action, sujets du verbe *devoir*.)
>
> *Patiendum* HUIC INFIRMITATI *est, quodcunque vos censueritis*. (*Ces êtres faibles doivent subir tout ce que vous aurez ordonné*.) (*Conc.*, p. 67, l. 242, l. 20.) *Ces êtres faibles*, auteurs de l'action, sujet du verbe *devoir*.

Toutefois, malgré l'exemple tant cité : *habendum est canes*, on ne devra jamais dire : *Mihi legendum est hos libros*; il faut dire : *Mihi legendi sunt hi libri*. Il *me* faut lire ces livres. (*Me*, auteur de l'action, complément indirect du verbe *falloir*.)

Gérondif en *DO*.

La préposition française *en* devant le participe présent a divers sens. Quand elle indique simplement que deux actions sont *simultanées*, sans que l'une d'ailleurs ait aucune influence sur l'autre, on traduit par le participe présent.

> Ex. : Il se promène *en lisant; Ambulat legens* (et non *legendo*).

Mais si le participe présent indique, soit *la cause de l'action* marquée par l'autre verbe, soit *la manière spéciale* dont elle s'accomplit, on traduira par le gérondif en *do*.

Ex. : *Hic omnes spes opesque sunt ; quas* SERVANDO, *patriam servamus.* (*Conc.*, p. 101, l. 24.) Ici sont toutes les espérances, toutes les ressources de la patrie ; *en les sauvegardant,* nous la sauvons elle-même.

Eam fraudem dies noctesque PERSTANDO AC PERVIGILANDO *vitastis.* (*Conc.*, p. 150, l. 3.)

Lorsque le verbe qui doit être au gérondif a un complément direct, on conserve le gérondif en *do*, comme dans le premier des exemples qui précèdent, ou l'on tourne par le participe en *dus, da, dum* et l'ablatif.

Ex. : *Captandis tempestatibus et observando tempore anni bella gerere.* (*Conc.*, p. 51, l. 9.) (au lieu de *captando tempestates et observando tempus*).

La préposition *en*, dans l'un et l'autre sens, se rend aussi élégamment par la conjonction *dum* et le *présent de l'indicatif*, à quelque temps d'ailleurs que soit l'autre verbe.

Ex. : *Dum nullum* FASTIDITUR *genus, in quo* ENITERET *virtus,* CREVIT *imperium Romanum.* (*Conc.*, p. 38, l. 14.) C'est *en ne dédaignant* aucune race *où brillât* le mérite, que les Romains *ont accru* leur empire.

Homines, DUM DOCENT, *discunt.*

Gérondif en *DUM.*

Le gérondif en *dum* n'est pas toujours escorté de la préposition *ad ;* on le trouve aussi régi par *inter*, et même par *circa*, et par *ob*, mais beaucoup plus rarement. — *Inter*, au milieu de, pendant que. — *Circa*, à l'occasion de, à propos de, par, quand il s'agit de ; *ob*, pour, à cause de, en vue de.

INTER DECERTANDUM. INTER NUNCUPANDA VOTA. (*Conc.*, p. 84, l. 6.)

INTER ACCIPIENDUM AURUM *cæsi sunt.* (*Conc.*, p. 108,

l. 13.) — *Non enim solum oratoris est docere, sed plus eloquentia* CIRCA MOVENDUM *valet.* (Quintilien.)

Supin actif et passif.

On sait que les Latins donnent le supin comme complément aux verbes *ire, venire, mittere, ducere*, etc.

De là vient le tour oratoire qui consiste à substituer au verbe simple son supin régi par le verbe *ire*.

Ex. : *Simul cum bello materiam gloriæ tuæ* ISSE EREPTUM *videri posset* (pour *eripuisse* ; *Conc.*, p. 195, l. 4). Il pourrait paraître *t'avoir dérobé* avec la guerre une occasion de gloire (*avoir été te dérober...*)

« *Ne ignoscendo malis, bonos* PERDITUM EATIS » (pour *perdatis. Conc.*, p. 340, l. 4). Ne vous en allez pas, en épargnant les méchants, *perdre* les bons citoyens.

« *Ne pertinacia sua gentem universam* PERDITUM IRET » (pour *perderet*).

Enfin le supin en *u*, qui, d'ordinaire, sert de complément à des adjectifs (*facile visu*, etc.), se joint aussi élégamment au substantif *fas* et *nefas* et au verbe *pudet*.

Si hoc fas est dictu ; pudet dictu. (S'il est permis de dire cela ; — cela est honteux à dire.)

---

§ XXIII. — Verbes irréguliers ou défectueux.

On peut en établir dix catégories.
Ce sont :

1° *Audeo, gaudeo, fido* (*confido, diffido*), *soleo.* Ces verbes ont la forme *passive* aux temps composés. *Audeo*, en particulier, fait au subjonctif présent *audeam* et *ausim*.

Audeat Canuleius in senatu proloqui... — Quis non spondere *ausit*.

Audeo, ausus sum, audere. — *Gaudeo, gavisus sum, gaudere.* — *Fido, fisus sum, fidere. Confido, diffido, confisus, diffisus sum, confidere, diffidere.* — *Soleo, solitus sum, solere.*

2° *Fero, fers, fert, ferimus, fertis, ferunt ; tuli, latum,*

VERBES IRRÉGULIERS OU DÉFECTUEUX.

ferre. — *Feror, ferris* ou *ferre, fertur, ferimur, ferimini, feruntur*. Ainsi se conjuguent :

Aufero, abstuli, ablatum, auferre (emporter). — *Affero, attuli, allatum, afferre* (apporter). — *Differo, distuli, dilatum, differre* (différer, remettre), etc. *Tollo* (lever, élever, faire disparaître) se rattache à cette série par son parfait *sustuli*, et son supin *sublatum*. *Sustollo* est un archaïsme, et ne doit pas s'employer. *Suffero* (supporter, subir, porter) a le parfait *sustuli*, comme *tollo*, mais il laisse à ce dernier verbe le supin *sublatum*.

3° *Eo, is, it, imus, itis, eunt, ibam, ii* ou *ivi, ibo, eam, iens, euntis, euntes, itum, eundi, eundo, eundum*. Les autres temps se forment régulièrement. Ainsi se conjuguent tous les composés d'*eo*; seulement ils font plus ordinairement le parfait en *ii* qu'en *ivi*. Parmi eux, *adeo*, (aborder), *ineo* (entrer dans), *prætereo* (passer, omettre), *transeo* (traverser), *subeo* (subir, affronter), sont des verbes transitifs, et comme tels peuvent être employés à la forme passive.

Ex. : *Alpes vix integris ac vigentibus vobis* TRANSITÆ. (*Conc.*, p. 126, l. 4.)

Queo, nequeo se conjuguent aussi comme *eo*, mais n'ont, à l'infinitif, que le *présent* et le *parfait*.

4° *Fio*, je deviens, *ou* je suis fait. On sait que ce verbe sert de passif à *facio*, qui n'a pas d'autre forme pour la voix passive. Donc *facior, faciebar*, etc., sont des barbarismes.

Fio, fiebam, fiam, fies, fi, fiam, fias, fierem, fieri, factum iri, faciendus; — *factus sum, erat, ero*, etc. Pas de participe présent.

5° *Volo, volebam, volam, voles, velim, vellem, velle, volens; volui, volueram, voluero, voluerim, voluissem, voluisse.*

Nolo, non vis, non vult, nolumus, non vultis, nolunt, nolebam, (nolam), noles, noli, nolim, nollem, nolle, nolens, nolui..., eram, etc. *Nolam*, prem. pers. du futur, peu usitée.

Malo, mavis, mavult, malumus, mavultis, malunt, malebam (malam), males, malim, mallem, malle, malui..., eram, etc. *Malam*, prem. pers. du futur, peu usitée. Pas d'impératif ni de participe.

6° *Possum, poteram, potero, possim, possem, posse, potui..., eram,* etc.

Prosum, proderam, prodero, prosim, prodessem, prodesse, profui..., eram, etc.

7° *Memini* (je me souviens), *memineram, meminero, memento, mementote, meminerim, meminisse.*

Novi (je connais); *noveram, novero, noverim, novisse.*

Odi (je hais); *oderam; osus sum* (j'ai haï); *odero, oderim, odissem, odisse, osurum esse.*

Composés : *exosus*, *perosus* (haïssant). Remarquez comment la forme du parfait actif, *odi*, a le sens du présent, et celle du parfait passif, *osus sum*, le sens du passé. Ne confondez pas *audi*, impératif d'*audire*, avec *odi*, ni *osus* avec *ausus*, participe d'*audeo*, et, en général, distinguez soigneusement les trois verbes *audio, audeo*, et *odi*.

Cœpi (j'ai commencé), et non *je commence* (lequel se traduit par *incipio*). *Cœperam, cœpero, cœperim, cœpissem, cœpisse.*

Cœpi a pour synonyme *cœptus sum*, qui ne s'emploie que devant un infinitif *passif*. Ex. : *De Republicâ* consuli *cœpti sumus.*

Nota. *Desino* (cesser) a de même deux parfaits, *desii*, et *desitus sum*, qui s'emploient suivant la même règle. « Veteres orationes post nostras à plerisque *legi* sunt desitæ. » (Cic. Brutus, 122.)

8° *Aio, ais, ait, aiunt; aiebam, bas..., bant; aias, aiat, aiant, aiens, aientis;* pas d'autres formes usitées.

Inquam, inquis, inquit, inquimus, inquiunt; inquiebat, inquiebant; inquii, inquisti, inquit, inquies, inquiet. Pas d'autres formes. On sait que ce verbe n'est jamais le premier mot d'une phrase, mais qu'il s'intercale dans une autre proposition comme le français *dis-je, dis-tu, dit-il,* etc.

Fari, affari, profari. Verbes poétiques, très-rarement employés en prose.

9° *Me pœnitet,* parf. — *pœnituit,* infinit. prés. — *pœnitere.* Formez les autres temps d'après ces trois temps primitifs. Conjuguez d'après les mêmes principes :

Me pudet, — *puduit,* et quelquefois *puditum est,* — *pudere.*

Me piget, — *piguit,* et quelquefois *pigitum est,* — *pigere* (avoir de la répugnance pour).

Me tædet, — *pertæsum est,* — *tædere.* Pas de gérondif ni de participe, excepté *pertæsus,* ennuyé de.

Me miseret, — *misertum est* ou *miseritum est, erat,* etc. Les autres temps usités sont : *Miserebat, miserebit, misereat* et *misereret.*

Nota. — *Me pœnitet,* ne signifie pas seulement *se repentir de,* mais encore *avoir du regret à, souffrir dans.* Ex. : *Pœnitebit te, P. Corneli, gloriæ tuæ...* (Conc., p. 195, 1. 6.) : Souffriras-tu dans ta gloire, P. Cornelius ? c'est-à-dire : Trouveras-tu ta gloire trop petite, trop mesquine ? *Sens fréquent, et, à ce titre, remarquable.*

... *Quoad te quantum proficias non pœnitebit* (Cic. de Off. I), aussi longtemps que tu seras satisfait de tes progrès (que tu n'auras point de regret, en songeant au peu de progrès que tu fais).

10° *Oportet, oportebat, oportuit, oportuerat, oportebit, oportuerit, oporteat, oporteret, oportuerit, oportuisset, oportere, oportuisse.* Ainsi se conjuguent :

Decet, dedecet, licet, libet (il plaît, il fait plaisir de) : *liquet* (il est clair) ; parf. du subjonctif, *licuerit. Cui neutrum licuerit* (Cic.). (Celui qui doute de ces deux choses). Enfin, *placet,* il plaît, et *refert,* il importe.

Libet et *licet* font au parfait : *libuit,* ou *libitum est, licuit* ou *licitum est. Placet,* au sens impersonnel, fait également *placuit* et *placitum est. Decet* et *dedecet* peuvent s'employer à *la troisième personne du pluriel.*

... *Tristia mæstum
Vultum verba decent.* (Horace, *Art poét.*)

§ XXIII bis. — *Principaux verbes latins qui peuvent offrir quelque difficulté dans la formation de leurs temps.*

VERBES OFFRANT

PREMIÈRE CONJUGAISON.

PRÉSENT INDICATIF.	SENS ET COMPLÉM.	PARFAIT.	SUPIN.	INFINITIF PRÉSENT.	OBSERVATIONS.
1. Cubo, cubas,	être couché,	cubui,	cubitum,	cubare.	Accumbo, is, accubui, accubitum. — De même pour les autres comp.
2. Do, das, d'où :	donner,	dedi,	datum,	dare.	Les composés dont la première partie a *deux* syllabes se conjuguent comme le simple; les autres sont de la troisième conjugaison. Même observation pour *sto, circumsteti, adstiti.*
Circumdo, das,	entourer,	circumdedi,	circumdatum,	circumdare.	
Venumdo, das,	vendre,	venumdedi,	venumdatum,	venumdare.	
Dedo, dedis,	livrer, remettre, rendre (ses armes),	dedidi,	deditum,	dedere.	
Prodo, prodis, etc.,	livrer, trahir,	prodidi,	proditum,	prodere.	
3. Domo, domas,	dompter,	domui,	domitum,	domare.	
4. Juvo, juvas, d'où :	aider, charmer,	juvi (et non juvavi),	jutum (t.-rare),	juvare.	
Adjuvo, ... juvas,	aider, charmer,	adjuvi,	adjutum,	adjuvare.	
5. Mico, micas,	briller,	micui,	—	micare.	*Emico*, briller, s'élancer, n'a pas non plus de supin.
Dimico, dimicas,	combattre (cum, abl.) (1).	dimicavi,	dimicatum,	dimicare.	

(1) Remarquez comment les verbes latins qui signifient proprement *combattre*, comme *dimico, certo, decerto, pugno,* etc., ne gouvernent pas l'accusatif, mais l'ablatif avec *cum. Pugnare aliquem* est un solécisme trop fréquent dans les devoirs des élèves.

QUELQUE PARTICULARITÉ. 49

6. Neco, necas,	tuer,	necavi (necui, rare),	necatum,	necare.
7. Seco, secas,	couper, trancher,	secui,	sectum,	secare.
8. Sono, sonas,	sonner, retentir,	sonui,	sonitum,	sonare.
9. Sto, stas,	se tenir debout,	steti,	statum, inusité, mais staturus existe.	stare.	Les composés se conjuguent de même.
d'où : Sisto, sistis,	s'arrêter, ou arrêter quelqu'un (acc.).		statum, d'où : status dies, jour fixé.	sistere.
d'où : Adsisto, con-sisto,	s'arrêter (s. comp.),	adstiti, constiti,	—	adsistere, tere.	On dit : circumsteti et su-persteti.
10. Veto, vetas,	défendre, empê-cher,	vetui,	vetitum,	vetare.

DEUXIÈME CONJUGAISON.

1. Aboleo, aboles,	abolir,	abolevi,	abolitum,	abolere.
2. Arceo, arces,	écarter,	arcui,	—	arcere.	Les composés ont le supin : coercitum, exercitum.
3. Ardeo, ardes,	brûler (au sens neu-tre),	arsi,	arsum,	ardere.
4. Caveo, caves,	prendre garde,	cavi,	cautum,	cavere.
5. Censeo, censes,	être d'avis,	censui,	censum,	censere.
6. Emineo, emi-nes,	être en saillie,	eminui,	—	eminere.	Ne pas confondre avec *sentio*. Cf. *immineo* sans parfait.
7. Faveo, faves,	favoriser (dat.),	favi,	fautum,	favere.
8. Ferveo, v. fer-vo,				
8 bis. Foveo, fo-ves,	réchauffer, entrete-nir, (acc.),	fovi,	fotum,	fovere.

RÉV. GR. LAT. 3

VERBES OFFRANT

PRÉSENT INDICATIF.	SENS ET COMPLÉM.	PARFAIT.	SUPIN.	INFINITIF PRÉSENT.	OBSERVATIONS.
9. Fulgeo, fulges,	briller,	fulsi;	—	fulgere,	Fulgere et fulcire ont le même parfait.
10. Hebeo, hebes,	s'émousser,	—	—	hebere,	
11. Immineo, immines,	menacer,	—	—	imminere.	Ainsi emineo a un parfait; immineo, pas. — *Imminui* appartient à imminuo, v. actif.
12. Lugeo, luges,	pleurer (être en deuil),	luxi,	—	lugere.	
13. Mœreo, mœres,	gémir,	—	—	mœrere.	
14. Paveo, paves,	avoir peur,	pavi,	—	pavere.	Pavi est aussi le parf. de *pasco*.
15. Pendeo, pendes,	être suspendu,	pependi,	—	pendere,	Comp. avec pendo, is.
16. Polleo, polles,	être puissant,	—	—	pollere.	*Pollui* appartient à *polluo*, souiller.
17. Sedeo, sedes, d'où : Assideo, insideo, etc.	être assis, être assis auprès, s'établir,	sedi, assedi, insedi.	sessum, assessum, insessum,	sedere. assidere, insidere.	Les composés de sido, sidi, sidere, se confondent au parfait et au supin avec ceux de sedeo. — Considō, consedi, obsido, obsedi. etc.
18. Splendeo, ... des,	resplendir,	—	—	splendere.	
19. Spondeo, spondes, d'où :	promettre, garantir,	spopondi,	sponsum,	spondere.	

QUELQUE PARTICULARITÉ.

Respondeo, ... des,	répondre,	respondi (sans re- doubl.),	responsum,	respondere.
Strideo, v. strido,				
20. Studeo, stu- des,	étudier, avoir du goût pour, aimer à (Dat. ou l'infin.),	studui,	—	studere.
21. Teneo, tenes,	tenir,	tenui,	tentum, inusité, fréquent aux comp.	tenere.
22. Torqueo, torques,	tourner, tordre, torturer,	torsi,	tortum,	torquere.
23. Urgeo, urges,	presser, pousser,	ursi,	—	urgere.
24. Video, vides,	voir,	vidi,	visum,	videre.
Invideo, ... des, d'où :	envier;	invidi,	invisum,	invidere. Viso, visis, visiter, aller voir, fait aussi au supin visum; ses composés de même.

VERBES DÉPONENTS.

1. Reor, reris,	croire, penser,	ratus sum;		(reri)? Ratus traduit bien le part. fr. persuadé, convaincu(que). Tuor ne s'emploie pas.
2. Tueor, tueris,	protéger, défendre,	tuitus, rarement tutus sum,		tueri.

TROISIÈME CONJUGAISON.

1. Accendo (1), accendis,	allumer, enflammer,	accendi,	accensum,	accendere. Conjug. de même incendo, même sens.

(1) NOTA. Les verbes en *do* et en *to* composent leurs parfaits de manières très-diverses; il ne faut donc pas hésiter à les chercher dans le dictionnaire. *Accendo, accendi, accensum; ludo, lusi, lusum; verto, verti; versum; flecto, flexi, flexum;* etc.

VERBES OFFRANT

PRÉSENT INDICATIF.	SENS ET COMPLÉM.	PARFAIT.	SUPIN.	INFINITIF PRÉSENT.	OBSERVATIONS.
2. Adolesco,...escis,	grandir, croître,	adolevi,	adultum, d'où : adul-tus,	adolescere.	Part. pass. alitus, quelquefois altus.
3. Ago, agis, d'où :	pousser, conduire, agir,	egi,	actum,	agere.	
Abigo, cogo,	pousser, chasser, — rassembler, contraindre,	abegi, coegi,	abactum, coactum,	abigere, cogere.	
4. Alo, alis,	nourrir,	alui,	—	alere.	
5. Arcesso, ... essis,	mander, faire venir,	arcessivi,	arcessitum,	arcessere.	Conjug. de même accerso; accersis.
6. Arguo, arguis,	accuser,	argui,	—	arguere.	
7. Cado, cadis,	tomber,	cecidi,	casum,	cadere.	Comp. occido, is, occidi, occasum, occidere, etc.
8. Cædo, cædis,	couper, tuer,	cecidi,	cæsum,	cædere.	Comp. occido, is, occidi, occisum, occidere, etc.
9. Carpo, carpis,	détacher, cueillir, dénigrer, critiquer,	carpsi,	carptum,	carpere.	Decerpo, decerpsi, decerptum; de même les autres composés.
10. Cedo, cedis,	se retirer, céder à,	cessi,	cessum,	cedere.	Conjug. de même les composés.
11. Cerno, cernis,	voir, distinguer,	crevi,	*cretum*, inusité, fréquent aux comp.	cernere.	Même parfait que cresco.
12. Claudo, claudis,	fermer,	clausi,	clausum,	claudere.	Includo, inclusi, inclusum; de même des autres composés.

QUELQUE PARTICULARITÉ.

13. Cresco, crescis,	croître, grandir,	crevi,	—	crescere.	Part. pass. *cretus*, né de. — Même parfait que *cerno*.
14. Cupio, cupis,	désirer,	cupivi,	cupitum,	cupere (et non cupire).	
15. Curro, curris,	courir,	cucurri,	cursum,	currere.	Tous les composés perdent ou peuvent perdre le redoublement au parfait.
16. Disco, discis,	apprendre, s'in-struire,	didici,	—	discere.	
17. Divido, dividis,	partager, diviser,	divisi,	divisum,	dividere.	
18. Edo, edis, d'où : Comedo, is,	manger,	edi,	esum,	edere.	Ne pas confondre avec *edo, edidi, editum (e, dare)*, mettre au jour.
19. Emo, emis,	manger, acheter,	comedi, emi,	comesum, emptum,	comedere. emere.	*Demo et promo* font *dempsi et prompsi* : les autres composés se conjug. comme le simple : *adimo, redimo*, etc.
20. Fervo, is, moins usité que ferveo, es,	bouillir, bouillonner,	ferbui,	—	fervere.	Voir *ferveo. Ferbui et fervere* appartiennent aux deux verbes.
21. Figo, figis,	ficher, attacher,	fixi,	fixum,	figere.	
22. Findo, findis,	fendre, ouvrir,	fidi,	fissum,	findere.	
23. Fingo, fingis,	façonner, feindre,	finxi,	fictum,	fingere.	
24. Flecto, ...tis,	plier, fléchir,	flexi,	flexum,	flectere.	
25. Frango, ...gis,	briser,	fregi,	fractum,	frangere.	Effringo, is, effregi, effractum, effringere.—De même pour les autres comp.
26. Fugio, ...is,	fuir,	fugi,	—	fugere.	
27. Fundo, ...is,	répandre,	fudi,	fusum,	fundere.	

VERBES OFFRANT

PRÉSENT INDICATIF.	SENS ET COMPLÉM.	PARFAIT.	SUPIN.	INFINITIF PRÉSENT.	OBSERVATIONS.
28. Gigno, gignis,	engendrer, produire,	genui,	genitum,	gignere.	
29. Ico, icis,	frapper,	ici,	ictum,	icere.	Icere fœdus, conclure un traité. Icere etictus sum, sont les formes les plus usitées.
30. Impingo, ...gis,	lancer contre,	impegi,	impactum,	impingere.	
31. Increbresco, ...cis,	s'augmenter, se répandre.	increbui,	—	increbrescere.	Beaucoup de verbes dits inchoatifs se conjuguent de même, les autres n'ont pas même de parfait.
32. Innotesco, ...cis,	se faire connaître,	innotui,	—	innotescere.	
33. Lacesso, ...is,	harceler, provoquer,	lacessivi,	lacessitum,	lacessere.	
34. Lædo, lædis,	blesser,	læsi,	læsum.	lædere.	Allido, allisi, allisum. De même pour tous les composés. 3 comp. ont si au parf. diligo, intelligo, negligo. Illino, illevi, illitum; de même pour les autres comp. Les composés de même. Delinquo, manquer, faire une faute. — Derelinquo, délaisser, abandonner.
35. Lego, legis,	lire, choisir,	legi,	lectum,	legere.	
36. Lino, linis,	oindre, endurer,	livi ou levi,	litum,	linere.	
37. Linquo, ...quis,	laisser, abandonner,	liqui,	lictum,	linquere.	
38. Meto, metis,	moissonner,	messui (rare),	messum.	metere.	Ne pas le confondre avec metior, metiris.

QUELQUE PARTICULARITÉ. 55

39. Necto, nectis,	nouer, enlacer;	nexui,	nexum,	nectere.
40. Nosco, noscis, d'où :	apprendre, apprendre à connaître.	novi (je connais),	notum,	noscere.
Agnosco, cognosco,	reconnaître. — apprendre à connaître.	agnovi, cognovi,	*agnitum, cognitum,*	agnoscere, cognoscere.	Les autres composés gardent l'o au supin. Ignotus, *inconnu,* et non *pardonné.*
41. Nubo et non nubeo, ...lis,	se marier, en parlant d'une femme,	nupsi,	nuptum,	nubere.	
42. Occulo, ...lis,	cacher,	occului,	occultum,	occulere.	
43. Pando, ...dis,	étendre,	pandi,	part. passé : passus,	pandere.	Expando fait expansum au supin.
44. Parco, parcis, parsi,	épargner, ménager (datif),	peperci, parsi,	parcitum et parsum, part. fut. : parsurus,	parcere.	
45. Pario, paris,	enfanter, produire,	peperi,	partum, part. fut. : pariturus,	parere.	Ne pas confondre avec pareo, parere, obéir.
46. Pasco, pascis,	faire paître, paître, nourrir.	pavi,	pastum,	pascere.	Pavi est aussi le parf. de paveo.
47. Pello, pellis,	pousser,	pepuli,	pulsum,	pellere.	Les comp. perd. le redoubl. *impuli,* etc.
48. Pendo, pendis,	peser, payer, expier,	pependi, (comme pendeo),	pensum,	pendere.	Les comp. perd. le redoubl. *impendi,* etc. (V. pendeo.)
49. Percello, ...lis,	frapper, ébranler,	perculi,	perculsum,	percellere.	
50. Pergo, pergis,	continuer,	perrexi,	perrectum,	pergere.	
51. Plaudo, ...dis, (et non plaudeo),	applaudir (dat.).	plausi,	plausum,	plaudere.	
52. Posco, poscis,	demander,	poposci,	—	poscere.	Comp. de poposci, expoposci.
53. Premo, premis,	presser,	pressi (et non premi),	pressum,	premere.	Deprimo, depressi, depressum ; de même pour les autres composés.
53 bis. Promo (Voir Emo).					

VERBES OFFRANT

PRÉSENT INDICATIF.	SENS ET COMPLÉM.	PARFAIT.	SUPIN.	INFINITIF PRÉSENT.	OBSERVATIONS.
54. Repo, repis,	ramper,	repsi (et non repui),	reptum,	repere.	
55. Ruo, ruis,	pousser, on se précipiter,	rui,	part. fut. ruiturus,	ruere.	Les comp. font dirutum, erutum, obrutum, et n'ont pas le part. en rus.
56. Scando, scandis,	monter,	scandi,	scansum,	scandere.	Ascendo, ascendi, ascensum, de même pour les autres composés.
57. Scindo, scindis,	fendre, trancher,	scidi,	scissum,	scindere.	
58. Scisco, sciscis,	s'informer, décréter,	scivi (comme scio)	scitum (commescio),	sciscere.	Comp. très-usités : conscisco, descisco, se détacher de q. q., par défection, par trahison.
59. Sero, seris,	semer, planter,	sevi,	satum,	serere.	Distinguer soigneusement ces deux verbes.
60. Sero, seris,	entrelacer, unir, (d'où series),	serui,	sertum,	serere.	
61. Serpo, serpis,	ramper,	serpsi,	—	serpere.	
62. Sino, sinis,	permettre, laisser,	sivi,	situm,	sinere.	
63. Sperno, spernis,	mépriser,	sprevi,	spretum,	spernere.	
64. Sterno, sternis,	étendre, couvrir,	stravi,	stratum,	sternere.	
65. Strepo, strepis,	faire du bruit,	strepui,		strepere.	Conjug. de même les comp.

QUELQUE PARTICULARITÉ.

66. Strido, dis, plus souv. en prose deo, des,	rendre un son aigu,	—	—	stridĕre, stridĕre.	Comp. avec ferveo et fervo.
67. Sumo, sumis,	prendre,	sumpsi,	sumptum,	sumere.	Conjug. de même les comp. V. poét. En prose on dit : contemno, contempsi, contemptum.
68. Temno, temnis,	mépriser,	—	—	temnere.	
69. Tendo, tendis,	tendre,	tetendi,	tensum et tentum,	tendere.	Extendo, extendi, extentum ou extensum.
70. Tero, teris,	broyer,	trivi,	tritum,	terere.	De même pour les comp.
71. Uro, uris,	brûler,	ussi,	ustum,	urere.	Comburo, combussi, combustum, etc.
72. Vello, vellis,	arracher,	velli (et non vulsi qui est dans Lucain),	vulsum,	vellere.	Evello, evelli, rarement evulsi, evellere.
73. Vendo, vendis,	vendre,	vendidi,	venditum,	vendere.	Corrélat. : veneo, venire, être vendu.
74. Verto, vertis,	tourner (neut. et act.),	verti,	versum,	vertere.	Conjug. de même les comp. everto, everti, etc.
75. Vinco, vincis,	vaincre,	vici,	victum (comme vivo),	vincere.	Distinguez ces deux verbes l'un de l'autre et tous deux de vincio, vincis (enchaîner), vinxi, vinctum, vincire.
76. Vivo, vivis,	vivre,	vixi,	victum (comme vinco),	vivere.	

3. VERBES DÉPONENTS.

1. Amplector, amplecteris,	embrasser,	amplexus,...sum,	—	amplecti.	De même complector.

VERBES OFFRANT

PRÉSENT INDICATIF.	SENS ET COMPLÉM.	PARFAIT.	SUPIN.	INFINITIF PRÉSENT.	OBSERVATIONS.
2. Commíniscor, ...ísceris,	imaginer,	commentus, ...sum,		commínisci.	
3. Expergíscor, ...ísceris,	s'éveiller,	experrectus, ...sum,		expergísci.	
4. Fruor, frúeris,	jouir de (abl.),	fruitus, ...sum,		frui.	
5. Gradior, gráderis (peu usité),	marcher,	gressus, ...sum (inusité),		gradi (inusité).	
6. Invehor, invéheris,	s'emporter contre,	invectus, ...sum,		invehi.	Aggredior, aggrederis, aggressus, ...sum, aggredi. De même pour les autres composés.
7. Nancíscor, ...ísceris,	trouver, obtenir,	nactus, ...sum,		nancísci.	
8. Nitor, níteris,	s'efforcer, s'appuyer sur (ablat.),	nisus et nixus, sum,		niti.	
9. Pacíscor, pacísceris,	traiter, faire un pacte,	pactus, ...sum,		pacísci.	Cf. pango, pangis (établir, régler, ficher, planter), pepigi, *pactum*.
10. Devertor, divertor, revertor.	se détourner, aller loger quelq. part, revenir.	deverti, diverti, reverti, t.-rarement reversus, ...sum.	deversum, diversum, reversum,	deverti, diverti, reverti.	

QUATRIÈME CONJUGAISON.

1. Aperio, aperis, comme :	ouvrir,	aperui,	apertum,	aperire.	Mais comperio et reperio font au parf. comperi et reperi.
Operio, operis,	couvrir,	operui,	opertum,	operire.	

QUELQUE PARTICULARITÉ.

2. Ferio, feris,	frapper,	—	haustum,	ferire.
3. Haurio, hauris,	puiser,	hausi,	haustum,	haurire.
4. Sarcio, sarcis,	réparer, raccommoder,	sarsi,	sartum,	sarcire.
5. Sentio, sentis,	sentir, remarquer,	sensi,	sensum,	sentire. Cf. censeo, censes, censui, censum.
6. Sepelio, ...lis,	ensevelir,	sepelivi,	sepultum,	sepelire.
7. Vincio, vincis,	lier, enchaîner,	vinxi,	vinctum,	vincire. Cf. vinco et vivo.
8. Veneo, venis,	être vendu,	venii,	venitum,	venire. (Abrév. de venum eo.) Cf. vendo et venum do.
Venio, venis,	venir,	veni,	ventum,	venire.

VERBES DÉPONENTS.

1. Metior, metiris,	mesurer,	mensus, sum,		metiri. Comp. dimetior, emetior, conjug. de même.
2. Ordior, ordiris,	commencer,	orsus, sum,		ordiri.
3. Orior, oreris, et coorior, cooreris, mais	naître, surgir, s'élever,	ortus, sum, coortus, sum,		oriri. cooriri. Ce verbe se conjugue comme s'il était de la 3e, au prés. ind.; mais il fait orirer à l'imp. subj. Adorior, le composé, est régulier. Le participe futur *oriturus* ne s'emploie pas, mais Horace a dit *oriturum*.
Adorior, adoriris,	aborder, attaquer,	adortus, sum,		adoriri.

Participes déponents qui ont le sens actif et le sens passif.

1. Adeptus, a, um,	acquis, ou ayant acquis.	6. Frustratus,	déçu, frustré, ou qui a trompé.
2. Confessus,	avoué, ou ayant avoué.	7. Meditatus,	médité, ou ayant médité.
3. Emensus,	parcouru, ou ayant parcouru.	8. Pactus,	convenu (prix convenu), ou qui est convenu.
4. Eblanditus,	obtenu, ou ayant obtenu par flatterie.	9. Testatus,	prouvé, ou *qui a été attesté*, qui a affirmé.
5. Expertus,	éprouvé ou ayant éprouvé.		

Participes passifs pris dans le sens actif.

1. Cœnatus, | qui a soupé. | 4. Juratus, | qui a juré, prêté serment.
2. Pransus | qui a dîné. | 5. Conjuratus, | qui a conjuré, un conjuré.
3. Potus, | qui a bu. | |

§ XXIV. — Régime des verbes.

(Nous suivons, ou peut s'en faut, le même ordre que Lhomond.)

Verbes qui gouvernent l'*accusatif* :

1° Les verbes actifs et *un grand nombre* de déponents :

Amo Deum. — Imitor patrem.

2° Un certain nombre de verbes impersonnels ou employés impersonnellement avec un sens particulier :

Juvat, juvant, delectat, delectant (faire plaisir, charmer); *manet, manent* (être réservé à); *decet, decent* (convenir à); *dedecet, dedecent* (ne pas convenir à); *deficit, deficiunt* (manquer à, trahir), prennent le *nom de la chose* comme sujet *au nominatif*, et le *nom de la personne* comme régime *à l'accusatif*.

Musica me juvat. — Tristia verba mœstum decent. — Quæ vos fata manent, etc. (Remarquez la signification toute particulière des verbes *juvare, delectare, manere*, et *deficere*, dans ces locutions, et distinguez-la de leur sens ordinaire, *juvo*, j'aide : *delecto*, je récrée ; *maneo*, je reste, j'attends, etc.)

3° *Fugit, fallit, præterit*, à la troisième personne du singulier et du pluriel, dans le sens d'*échapper à, d'être ignoré* :

Multa nos fugiunt, fallunt, prætereunt. — Quem nostrûm fugit, fallit, etc... Bien des choses nous échappent ; ou : Nous ignorons bien des choses. — A qui de nous échappe-t-il? ou : qui de nous ignore ?... etc.

Verbes qui gouvernent le datif :

1° Un grand nombre de verbes neutres : *faveo, proficio*,

noceo, studeo, parco, ignosco (1), etc., et les impersonnels : *licet, libet, conducit* (il est avantageux), *expedit, accidit, evenit, contingit, placet, displicet.*

Studeo grammaticæ. — *Id mihi evenit, accidit, contingit.*

2° Beaucoup de verbes neutres dans la composition desquels entrent les propositions *ad, ante, in, inter, cum, ob, præ, sub. Antecellere* (surpasser), *adsistere* (assister), *adstare* (même sens), *intervenire* (intervenir, assister, nuire), *obstare, occurrere, officere, præstare, succurrere, imminet, imminent, impendet, impendent, instat, instant,* etc.

Ex. : *Magna calamitas tibi imminet* (2).

3° *Un certain nombre* de verbes déponents : *Adulari* (flatter); *assentari, assentiri* (approuver); *blandiri, dominori, gratulari, irasci, lenocinari* (chercher à séduire, donner du charme), *minari, moderari* (régler), *opitulari, prævaricari* (trahir les intérêts de quelqu'un).

Homo irascitur mihi; minari mortem alicui; gratulari victoriam alicui; blanditur nutrici.

4° Les composés du verbe *sum*, excepté *absum*, qui veut l'ablatif avec ou sans *a* ou *ab.*

Defuit officio. — *Abest urbe* ou *ab urbe.*

Verbes qui gouvernent l'ablatif :

1° Les verbes passifs avec ou sans préposition : *Amor à Deo, mœrore conficior.* Excepté : *Probor, improbor, videor, intelligor* et les participes en *dus, da, dum*, qui prennent le datif;

2° La plupart des verbes neutres qui marquent abondance ou disette : *Abundat divitiis; caret pane.*

Nota. *Egeo, indigeo* gouvernent indifféremment le génitif ou l'ablatif.

---

(1) *Ignosco* fait au supin *ignotum*. Cependant *ignotus* ne veut pas dire *pardonné*, mais *inconnu*.

(2) Ne pas oublier la différence de sens entre *imminet, impendet, instat* (menacer dans le sens de *être suspendu sur*), et *minari* (menacer, annoncer avec menace, proférer une menace).

3° *Gaudere, exsultare, superbire, dolere, fidere, confidere.*

Gaudere felicitate aliena. — *Fido* et *confido* prennent le datif ou l'ablatif indifféremment, tandis que *diffido* veut toujours le datif. Se fier à quelqu'un, *fidere alicui* ou *aliquo;* se défier de quelqu'un, *diffidere alicui.*

4° Les déponents : 1° *fruor, perfruor;* 2° *fungor, defungor, perfungor;* 3° *glorior;* 4° *lætor;* 5° *nitor;* 6° *potior;* 7° *utor, abutor;* et 8° *vescor.* — *Fruor otio.*

5° Les verbes qui marquent la valeur, le prix d'une chose. *Hic liber constat viginti assibus.* — *Multo sanguine ea victoria stetit.*

6° Les verbes dits verbes de *supériorité*, d'*excellence*, veulent à l'ablatif le nom qui répond à la question de *combien*, ou *dans quelle mesure*, ou *en quoi*.

Tibi præstat SAPIENTIA. *Te major est* DUOBUS DIGITIS, etc.

Verbes qui gouvernent le génitif :

1° *Egeo, indigeo,* parmi les verbes qui marquent l'abondance ou la disette ;

2° *Misereri, oblivisci, recordari, reminisci, meminisse.*

Miserere pauperum. Les quatre derniers régissent aussi l'accusatif.

Régime indirect DES VERBES QUI ONT DÉJA UN RÉGIME DIRECT.

(Il suffit, sur cette question, de rappeler, avec quelques additions, les exemples de Lhomond.)

Diverses manières de rendre la préposition A *au complément indirect.*

Do vestem *pauperi.*

Hæc via ducit *ad virtutem.*

Doceo *pueros* grammaticam.

Scribo *ad te* epistolam. *Scribo tibi* veut dire spécialement : j'écris *pour* toi.

Petivit beneficium *à rege.* (*Regi* voudrait dire *pour le roi.*) (V. § XXVIII.)

Diverses manières de rendre la préposition DE *au complément indirect.*

Accepi litteras *à patre meo*.
Id audivi *ex amico* ou *ab amico*.
Christus redemit hominem *à morte*.
Implere dolium *vino*.
Admonui eum *periculi* ou *de periculo*.
Insimulare aliquem *furti* ou *furto*.

Nota. *Accuser*, suivi d'un autre verbe, se rend par *arguere*, et *condamner* par *jubere*.

Arguitur prodidisse rempublicam. — *Jussus est* ab urbe discedere.

Préposition PAR.

Amor *a Deo*, — *Mœrore* conficior. (V. p. 61, n° 1.) Par analogie : fessus *viâ*, cæcus *odio*.
Cognovi *ex litteris tuis*, jamais *a tuis litteris*. (Cf. Id audivi *ab* ou *ex* amico. Prép. *de*.)
Teneo lupum *auribus* (nom de la partie).
Deserere officium *mollitiâ animi* (nom de la cause).
Is *per quem* veniam impetravi : *Per*, par l'entremise de.

Verbes à double construction.

Circumdare *urbem muro* (muro, abl.) ou *urbi murum*. — Spargere *humo folia*, ou *humum foliis*.

Verbes à règles toutes spéciales.

1° Interdico *tibi domo meâ*.
2° Mihi opus est. — Mihi opus est *amico*, ou *amicus*, très-rarement *amici*.
3° Hoc *ad me* attinet, pertinet, spectat.
4° Me pœnitet culpæ meæ. — *Incipit* me pœnitere culpæ meæ. — *Volo, nolo, malo, audeo, cupio* me pœnitere culpæ meæ.
5° *Est* regis tueri suos. — *Est meum* loqui. — Hic liber est *meus*. — Est *è republicâ, in rempublicam*, il est de

l'intérêt public. (Lhomond n'indique pas cette dernière locution.

6° Refert, interest *regis, ejus* (pron. pers.). — *Meâ, tuâ, nostrâ, suâ,* quand le pronom personnel se rendrait par *suî.* — *Tuâ unius, tuâ ipsius, meâ Cæsaris ;* — *ad famam nostram.*

Verbes régimes d'autres verbes.

Ici encore il suffira de citer Lhomond, en y ajoutant quelques tournures et quelques observations nécessaires.

Amat ludere. — *Eo lusum ; venio ad ludendum, ut ludam, ludendi causa* ou *gratia, lusurus* (1). — *Redeo ab ambulando, ab invisendis agris.* — *Te hortor ad legendum, ad legendam historiam.* — *Consumit tempus legendo* (voir plus haut les observations sur le gérondif en *do*). — *Dedit mihi libros legendos.* — *Vidi eum ingredientem.*

Sur ce dernier exemple, remarquez que si l'action ne se fait pas au moment même, on emploie l'infinitif.

Ex. : *Videmus feras ipsas* HABERE *beneficii intellectum.*

Ajoutons à ces exemples le suivant : *Memini me legere,* je me souviens d'avoir lu. — *Le présent,* de l'infinitif, parce que je suis l'auteur de l'action.

Memineram C. Marium, navigio perparvo, in oras Africæ desertissimas PERVENISSE. Le parfait, parce que la personne n'a pas pu voir le fait qu'elle se rappelle (2).

§ XXV. — De l'emploi de certaines formes dans les verbes latins.

1° *Style épistolaire : imparfait* pour le *présent, plus-que-parfait* pour le *parfait.* Les Latins, en écrivant une lettre, se transportaient volontiers au moment où leur correspondant la lirait, et ils parlaient au passé. Au lieu

---

(1) Voir les prépositions, § XXVIII.
(2) Telle est la règle de Burnouf ; mais d'assez nombreux exemples, de Cicéron et de Sénèque en particulier, prouvent qu'on peut mettre le parfait après *memini.* Ex : Meministine tibi te *torsisse* talum ? (Sén.)

de dire : « Je n'ai rien à vous écrire, car je n'ai rien appris de nouveau, » Cicéron écrivait à Atticus : *Nihil* HABEBAM *quod scriberem, neque enim novi quidquam* AUDIERAM ; comme s'il eût voulu qu'à la lecture de sa lettre, Atticus pût dire : « *Cicéron* N'AVAIT *rien à m'écrire.* » Horace a dit de même :

    Hæc tibi *dictabam* post fanum putre Vacunæ.

Dictabam pour *dicto*.

Après Cicéron, l'usage prévalut d'employer les mêmes temps que nous employons en français.

2° Différence de sens entre le *futur de l'indicatif* et le *futur* marqué par le *participe* en *rus, ra, rum*, entre *legam* et *lecturus sum*.

Legam hunc librum, je lirai ce livre (sans que j'entende préciser le moment.)

Lecturus sum hunc librum se traduira, selon le cas : *je dois lire ; — je vais lire ; — je songe à lire, je me propose de lire ; — je suis destiné à lire, je suis appelé à lire, je suis désigné pour lire ; —* ou enfin, *je suis sur le point de lire* ce livre. (Voir nos observations sur le verbe *devoir*, § XII.) Le participe en *rus, ra, rum* peut se prendre en effet dans tous ces sens.

Ex. : *Nec me ulla res delectabit quam mihi uni sciturus sum.* (Rien ne me charmerait des choses que *je serais condamné à ne savoir* que pour moi.) — *Plato et Aristoteles et omnis in diversum itura sapientium turba...* (Platon, Aristote, et toute cette foule de sages *qui étaient destinés à se séparer en sectes opposées*). — *Alexander geographiam discebat, sciturus quam exigua esset terra...* (Alexandre apprenait la géographie, et *il allait savoir combien est petite cette terre*, etc. *Pour savoir* serait un contre-sens.)

3° Les Latins ont employé élégamment le *subjonctif* (au *présent* ou au *parfait*), tantôt pour énoncer une opinion *avec réserve* et sans prendre le ton affirmatif, tantôt pour repousser quelque chose *avec vivacité, avec indignation*. On traduit alors en français par *le futur* ou par *le conditionnel*, ou par *l'infinitif*.

Ex. : HAUD NEGAVERIM *suspectam esse vobis punicam fidem.* (*Conc.*, p. 218, l. 15.) *Je ne nierai pas que la loyauté des Carthaginois puisse vous être suspecte.*

Illud etiam in tali consilio animadvertendum vobis CENSEAM. (*Conc.*, p, 139, l. 7.) « *Je serais d'avis, j'oserais croire* aussi que dans la circonstance présente il vous convient d'examiner ceci... etc. »

REDEAM *ego in patriam.* — *Vos* REDIMAM ! (*Conc.*, p. 139-143, l. 26. — 5.) Moi, *rentrer* dans ma patrie ! — Moi, vous *racheter !*

Illine ut impune CONCITENT *finitima bella* (*Conc.*, p. 36, l. 8) ; sous-entendu *fieri potest*, ou *decet*. Quoi ! ces gens-là *pourront nous susciter* impunément des guerres avec les peuples voisins ! M. à m. : *Convient-il*, ou *peut-il se faire* que telles gens, etc.

4° On emploie *l'infinitif* pour exprimer le même ordre de sentiments :

Hoc vos scire, hoc posteris memoriæ TRADITUM IRI !... Faut-il que vous sachiez, faut-il que la postérité apprenne un jour... (*Conc.*, p. 30, l. 3.)

Hæc ludibria religionum NON *pudere in lucem proferre.* Faut-il que vous ne rougissiez pas d'étaler au grand jour tant d'insultes à la religion ! (*Conc.*, p. 109, l. 1.)

5° Au passif, les élèves trop souvent mettent le *présent* ou l'*imparfait* au lieu du *parfait* et du *plus-que-parfait*, ou réciproquement. Il faut donc nous arrêter sur le verbe *être*.

Ce verbe, en français, s'emploie de trois manières différentes : comme *verbe substantif*, comme *auxiliaire du verbe passif*, enfin comme *auxiliaire de certains verbes neutres*. Exemple :

1° Ton livre est lu ; je te le renvoie ; 2° Ton livre est lu de tout le monde ; je t'en félicite. 3° Ton livre m'est arrivé ce matin ; je le lis.

Dans le premier cas, *ton livre est lu* signifie : *ton livre a été lu, on a lu ton livre, on a fini de le lire.* Le verbe *être* est ici *verbe substantif*, et le participe un véritable adjectif qui marque un certain état présent; on traduira donc : *lectus est tuus liber*.

Dans le second cas, *ton livre est lu* signifie : *on lit ton livre, il se lit*. Le verbe être est *auxiliaire d'un passif;* nous sommes au présent de l'indicatif du verbe *être lu*, *legi*, et nous traduisons : *legitur liber tuus*.

L'exemple suivant de Tite-Live fait bien comprendre la différence des deux cas : *Operibus ingentibus* SEPTA URBS EST, *quibus intra muros* COERCETUR *hostis*. (*Conc.*, p. 49, l. 9.) La ville *est entourée* (*on a entouré* la ville) d'immenses travaux par lesquels l'ennemi *est contenu* (*qui contiennent* l'ennemi) dans ses murs.

Dans le troisième cas, le verbe *être* remplace l'auxiliaire *avoir* pour former le passé indéfini du verbe neutre *arriver;* on traduira donc par le parfait d'*advenio : advenit mihi liber tuus*.

NOTA. Pour rendre l'idée indéfinie du pronom français *on, l'on*, les Latins recouraient principalement aux trois tournures suivantes : *On dit* que les cerfs vivent très-longtemps. *Dicunt* (*homines*, suj. s.-entendu) *cervos diutissime vivere*. — Ou bien : *Dicuntur cervi diutissime vivere*. — Ou enfin : *Dicitur* (sens impersonnel) *cervos diutissime vivere*.

Les verbes neutres mêmes peuvent se conjuguer sous cette dernière forme à tous les temps et à tous les modes; il suffit qu'ils aient un *supin* d'où l'on puisse tirer un *participe neutre passif*. On a ainsi la conjugaison suivante : *advenitur* (on arrive); *adveniebatur* (on arrivait); *adventum est* (on est arrivé); *adventum*, participe passé, au neutre, tiré du supin *adventum; adveniatur* (qu'on arrive), *adventum esse* (qu'on est arrivé), etc. ; mais, bien entendu, la forme neutre n'implique pas l'existence de la forme masculine ou féminine, et *adventus est, adventa est*, sont des barbarismes. De même ne dirait-on pas *studitum est*, on a étudié, puisque *studere* n'a pas de *supin*.

CHAPITRE VI
DES ADVERBES.

§ XXVI. — Adverbes de lieu.

Adverbes de lieu. On peut s'adresser, à l'occasion du lieu, quatre questions indiquées en latin par les quatre adverbes interrogatifs : *ubi? quo? quâ? unde* (1)?

Les règles propres aux adverbes de lieu sont des plus faciles ; il importe seulement, dans cette *révision*, de bien marquer la différence entre la question *ubi* et la question *quo*, et de rappeler le sens précis des quatre adverbes qui, dans chaque question, peuvent servir d'antécédents à l'un des quatre relatifs *ubi, quo, quâ, unde*.

1° La question *ubi* se rapporte au lieu où l'on est, où l'on fait quelque chose, *même avec mouvement*, pourvu qu'on ne sorte pas de l'endroit. Au contraire, on est à la question *quo*, et l'on doit suivre les règles qui la concernent, lorsque le verbe latin (*le verbe français n'importe pas*), marque *direction* d'un point à un autre, ne fût-ce que par métaphore et au *sens moral*, et que le nom, complément du verbe, exprime *le terme où aboutit ce mouvement*.

Ex. : Question *ubi*. *Tyriorum coloniæ pæne* TOTO ORBE DIFFUSÆ *sunt*. — *Les colonies des Tyriens se répandirent dans tout l'univers.*

Question *quo*. « INDUCITE IN ANIMUM *quod non induxerunt patres vestri*. » (*Conc.*, p. 85, l. 8.) *Mettez-vous dans l'esprit*, etc. *Ducere in, conduire dans;* il y a mouvement et direction déterminée, et *animum* marque le but précis où aboutit ce mouvement.

---

(1) Ne pas oublier que ces quatre adverbes sont aussi *relatifs*. Par exemple, *ubi* signifiera tantôt *en quel endroit?* tantôt *à l'endroit où;* unde, *de quel endroit*, ou *l'endroit d'où*. De même des deux autres. Enfin ils ont aussi le sens exclamatif, et, en certains cas, *ubi* devra se traduire : *Où! En quel endroit!* etc.

« *In quorum (Zenonis et Epicuri) rixam si Academicus incurrerit, quum* HUC ET ILLUC AUREM ADMOVERIT, *dubitare se dicet.* (Cic.)

On a dit (§ XIV) que, parmi les adjectifs ou pronoms démonstratifs, *is* servait le plus souvent d'antécédent au relatif, sans marquer d'ailleurs la première personne plutôt que la seconde ou que la troisième : que *hic* se rapportait de préférence à la première personne, *iste* à la seconde, et *ille* à la troisième. Cette distinction s'observe dans les adverbes de lieu. *Ibi, eo, inde, eâ*, servent chacun, le cas échéant, de véritables antécédents à chacun des quatre relatifs, *ubi, quo, unde, quâ*, sans aucune acception de personne ; *hic, huc, hinc, hâc*, indiquent la première personne du singulier et du pluriel ; *istic, istuc, istinc, istac*, la seconde ; et *illic, illuc, illinc, illâc*, la troisième. Exemples :

Ibi quæratis socios *ubi* Saguntina clades ignota est. (*Conc.*, p. 119, l. 11.) (*Ibi* antécédent de *ubi*.)

Ut *eò* restituerentur *undè* dejecti essent. (Cic.) (*Eò*, antécédent de *undè*.)

Hic vobis terminum laborum fortuna dedit. (*Conc.*, p. 126, l. 21.) (*Hic*, et non *ibi*.) *Hic, ici où nous sommes*, question *ubi*.)

Spectatumne *hùc*... sociorum cædes et incendia venimus ? (*Conc.*, p. 129, l. 1.) (*Hùc* et non *eo*.) *Hùc, ici où nous sommes*, question *quò*.)

Istinc signa canent. *Conc.*, p. 85, l. 7.) (*istinc* et non *indè*.) (*Istinc, du lieu où vous êtes*, question *undè*.)

Nihil vos eorum quæ *illic* facta sunt, ignorare patiar. (*Conc.*, p. 140, l. 10.) (*Illic* et non *ibi*.) (*Illic, là-bas, où nous ne sommes ni vous ni moi*, question *ubi*.)

Quâ frequentiâ multitudinis prosequente creditis nos *illinc* profectos ? (*Conc.*, p. 80, l. 15.) (*Illinc, de là-bas où nous ne sommes ni vous ni moi*, question *undè*.)

NOTA. *Hic, istic, illic, hinc, istinc*, etc., peuvent aussi servir d'*antécédents* à l'un des quatre relatifs précités. Mais tout en jouant ce rôle, ils expriment encore l'idée de la première, ou de la seconde, et de la troisième personne.

Ex. : *Hic* vincendum aut moriendum est, *ubi* primùm hosti occurristis. (*Conc.*, p. 126, l. 5.) (*Hic*, ici où nous sommes, et où nous avons rencontré l'ennemi, etc.)

Voici d'ailleurs les règles qui concernent les questions de lieu; nous les rappellerons seulement par des exemples :

1° Question *ubi* : *Sum in Galliâ.* — *Natus est Avenione, Athenis, Romœ.* — *Cœno apud patrem* (chez mon père).— *Domi, humi, ruri ; domi meæ, tuæ, suæ, alienæ.* — *In domo Cæsaris. In urbe Lugduno; Lugduni, in frequentissimâ urbe.*

2° Question *quo* : *Eo in Galliam, ad rivum.* — *Ibo Lutetiam. Eo ad patrem* (chez mon père). *Domum, humum, rus,* — *ad domum patris, in urbem Lugdunum,* etc.

3° Question *undè* : *Redeo ab urbe, ex Galliâ.* — *Redeo Lugduno. Venio à patre* (de chez mon père). *Domo, humo, rure,* etc.

4° Question *quâ* : *Iter feci per Galliam ; per Lugdunum ; per domum Cæsaris* (par chez César).

TABLEAU
de quelques autres adverbes de lieu se rapportant aux quatre questions

UBI :	QUO :	UNDÈ :	QUA :
Ubique, partout.	*Quovis, quolibet*, partout.	*Undique*, de toutes parts.	*Qualibet*, par tous les chemins.
Utrobique, des deux côtés.	*Utroque*, des deux côtés.	*Utrinque*, des deux côtés.	. . . . .
Ubicumque, partout où (relatif général et indéterminé, comme le pronom *quicumque*).	*Quocunque*, partout où (même remarque que sur *ubicunque*).	*Undecumque*, de quelque côté que.	*Quâcunque*, par quelque endroit que.
Ibidem, au même lieu.	*Eodem*, au même lieu.	*Indidem*, du même lieu.	*Eâdem*, par le même chemin.
Alibi, ailleurs.	*Alio*, ailleurs.	*Aliundè*, d'autre part.	*Aliquâ*, par quelque chemin.
Alicubi, usquàm, quelque part.	*Aliquo, quoquam*, quelque part.	*Alicundè*, de quelque part.	

Adverbes d'étendue. — Le nom qui marque l'étendue se met à l'*accusatif* sans préposition après les verbes et les adjectifs, au *génitif* après un substantif. Ex. : *Planities* TRIA MILLIA PASSUUM PATENS. — *Murus* DUCENOS PEDES ALTUS; — PEDUM QUINDECIM *fossa*.

Adverbes de distance. — Le nom qui marque la distance d'un lieu à un autre se met à l'accusatif sans préposition; à l'accusatif avec *ad* et le nombre ordinal, si la distance est désignée par le mot *lapis*. Ex. : *Civitas* mille passus à mari distans. Ad quartum *ab urbe* lapidem *fulsere legionum signa*.

Adverbes de temps.

A l'occasion du temps, on peut s'adresser six questions, dont quatre sont marquées en latin par les termes suivants : *Quando? Quandiu? Quamdudum? Quanto tempore?* Quand? Combien de temps? Depuis combien de temps? En combien de temps?

Les deux autres sont : *après quel temps?* et *pour quel temps?*

1° A la question *quando*, mettez l'ablatif sans préposition. *Vere novo; Pyrrhi temporibus; tali tempore*, et non pas *in tali*, etc.; *Pyrri bello*. (*Conc.*, p. 207, l. 11.)

2° A la question *quandiu*, mettez l'accusatif de préférence, ou l'ablatif. *Ager, quum multos annos quievit, uberiores efferre fruges solet.*

3° A la question *quamdudum*, deux cas : quand l'action dure encore, mettez *l'accusatif*, et si le chiffre est exprimé, employez le nombre *ordinal*. — *Tribonio* MULTOS ANNOS *utor familiariter*. — *Punico bello* DUODECIMUM ANNUM *Italia urebatur*.

Quand l'action a cessé, servez-vous du nombre *cardinal* avec *ante* et le démonstratif *hic, hæc, hoc*, ou de l'adverbe *abhinc* avec l'accusatif ou ablatif et le nombre *cardinal*, si le chiffre est exprimé. — ANTE HOS SEX MENSES *male dixisti mihi.* — *Ille* ABHINC DUOS ET VIGINTI ANNOS,... DUOBUS ET VIGINTI ANNIS *mortuus est.*

Dans l'un et l'autre cas, on peut tourner par : *Il y a tel temps que,* ce qui donne lieu à la forme oratoire bien connue : *Triginta anni sunt,* EX QUO *Cæsar mortuus est ;* ou bien, *trigesimus annus est,* EX QUO, etc. (sous-entendu *tempore.*)

4° A la question *quanto tempore,* mettez l'ablatif, ou l'accusatif avec *intra,* si vous voulez marquer *la limite précise en deçà de laquelle* s'accomplit l'action. — *Quatuor tragædias* SEXDECIM DIEBUS *absolvisti.* — *Omnes Potitii* INTRA ANNUM *exstincti sunt.*

5° A la question *après quel temps* (1), mettez *post* et l'accusatif : *Post tres dies proficiscar.* Exception : *biduo, triduo, quatriduo ;* dans deux, trois, quatre jours ; ou : après deux, trois, quatre jours.

6° Enfin, à la question *pour quel temps,* mettez *in* et l'accusatif. — *In exiguum ævi gignimur.* — *In posterum diem ; in crastinum diem.* — *In æternum.* Nous naissons pour peu de temps. — Pour le lendemain ; pour demain ; — pour toujours.

---

(1) *Après* a souvent pour synonyme la préposition *dans,* qui se rapporte ainsi tantôt à cette question, tantôt à la question *quando.* Ex. : C'est *dans* ce temps-là qu'il est mort : *Illo tempore mortuus est.* — Il viendra dans huit jours : *Post octo dies veniet.*

Adverbes de quantité.

	Devant un nom de choses qui ne se comptent pas.	Devant un nom de choses qui se comptent.	Devant un nom de qualité.	Devant un adjectif ou un adverbe.	Devant un comparatif ou un verbe d'excell.	Devant un verbe ordinaire.	Devant un verbe de prix ou d'estime.
Que, combien,	quantum, quid,	quot, quàm, multi,	quantus, a, um,	quàm, ut,	quanto,	quàm, quantùm ut,	quanti.
Peu, un peu,	parùm,	pauci, æ, a,	parvus, a, um,	parùm,	paulo,	parùm,	parvi.
Beaucoup,	multùm,	multi, æ, a,	magnus, a, um,	multum, valdè, admodum,	multo, longè, plurimùm,	multùm, valdè, plurimùm,	magni.
Moins,	minùs,	pauciores, a,	minor, us,	minùs,	—	minùs,	minoris.
Plus,	plùs,	plures, a,	major, us,	magis (ou comparatif),	—	magis, plus, ampliùs,	pluris.
Autant, tant, aussi,	tantùm,	tot, tàm multi,	tantus, a, um,	tàm,	tanto,	tantùm, tàm,	tanti.
Assez,	satis,	satis multi,	satis magnus, a, um,	satis,	—	satis,	satis magni.
Trop,	nimis, nimium,	nimis multi,	nimius, a, um,	nimis,	—	nimis, plus, æquo,	nimio pluris. nimio plus

RÉV. GR. LAT. 4

ADVERBES DE QUANTITÉ.

Ce tableau provoque plusieurs observations :

1° Les adverbes de la première *rangée : Quantum, quot, quantus, quam*, etc., sont susceptibles de trois sens différents ; car ils sont ou *interrogatifs*, ou *exclamatifs*, ou *relatifs* d'un antécédent exprimé ou sous-entendu. Ex. : *Quantum hostium vicit?* Combien a-t-il vaincu d'ennemis ? (Interrogatif.) — *Quantum mutatus ab illo Hectore.* Combien il était changé de cet Hector, etc. (Exclamatif.) — *Quantum in me erit*, pour *tantum quantum in me erit*. (Relatif.) — Si *quantum pauperum est* huc venire cœperint ; pour Si *tantum (pauperum) quantum est* huc venire cœperint ; si tout ce qu'il y a de pauvres se met à venir ici.

2° Il n'est guère de substantifs que les Latins ne se permettent de considérer comme un *tout* ou comme une sorte d'*unité collective*, dont il leur est loisible de prendre une certaine partie marquée par un des adverbes de la première *colonne*. C'est ainsi qu'ils disent tantôt *plus belli*, tantôt *plura bella*. Un exemple fera saisir la différence des deux sens : *Habet ille plura vina quàm ego, sed ego plus vini habeo quàm ille.* Il a *des vins en plus grand nombre* que moi ; mais j'ai *du vin en plus grande quantité* que lui.

Tite-Live a dit *quid animorum*, pour *quos animos* (*Conc.*, p. 36. l. 16) ; *tantùm dedecoris* pour *tantum dedecus* (*Conc.*, p. 35, l. 22) ; *satis honorum* (*Conc.*, p. 34, l. 4), etc. Et Tacite : *quantum pauperum est*, pour *quot pauperes sunt*, tout ce qu'il y a de pauvres (*Conc.*, p. 397, l. 1).

3° Trois de ces adverbes (*plus, moins, autant*) jouent volontiers le rôle d'antécédents, et le dernier prend différents relatifs.

Plus, moins, de quelque façon qu'on les rende, prennent toujours *quàm* pour relatif. — *Plus fortitudinis* QUAM *prudentiæ*. — *Pauciores urbes* QUAM *pagi*. — *Pluris æstimatur* QUAM *frater*, etc.

4° *Tantum* a pour relatif *quantum ; tam... quam ; tantus... quantus; tanti... quanti* (1), du moins quand il n'y

---

(1) Il va sans dire que *tantùm, tam, tantus*, etc. n'ont pour relatifs *quantum, quàm, quantus*, etc. que lorsqu'il y a *compa-*

a qu'un verbe pour les deux propositions. Ex. : Je l'aime autant que mon père : Eum *tantum* amo *quantum* patrem meum. S'il y a deux verbes, le relatif peut différer. Ex. : Te *tantum* amo *quantum* eum odi. — Te *tantum* despicio *quanti* eum facio (*quanti* et non *quantum*, parce qu'il dépend de *facio*, verbe d'estime).

5° *Autant* est quelquefois employé à la place de son relatif.

Ex. : *Autant il a de science, autant il a de modestie;* c'est-à-dire, *il a autant de modestie que de science.* Traduisez donc : *Quantum doctrinæ in eo, tantum modestiæ inest.* (Notez, en effet, que c'est le premier des deux *autant* qui remplace le relatif *que*. De là *quantum* mis en avant de la phrase.)

Même remarque sur *plus* et sur *moins;* on les traduit selon la même méthode.

Quo doctior, eo modestior. Quominus est doctus, eo minus est modestus (1).

6° *D'autant* placé devant *plus* ou *moins* amène le relatif *que*, et l'on a ainsi deux propositions dépendant l'une de l'autre.

D'autant s'exprime alors par *eo*, ou *tanto*, et *que* par *quo* ou *quanto*, s'il est suivi d'un comparatif auquel il se rapporte; *sinon*, il se rend par *quod*. Ex. :

Eo ou *tanto modestior est quo* ou *quanto doctior.*

Id eo ou *tanto mirabilius visum est, quod à nemine exspectabatur.*

Nota. On trouve quelquefois *hoc* à la place de *eo :* on peut donc dire aussi : *hoc modestior est quo doctior.*

(Nous anticipons ici sur les phrases composées; nous l'avons fait pour donner en un seul chapitre les principales règles qui concernent les adverbes de quantité.)

---

raison entre les deux propositions. Autrement le *que* français qui suit *tant, tellement, si*, etc. se rend par *ut* et le subjonctif. Voyez § XXXIX.

(1) Comparez avec *alius* ou *aliter* répété, page 30, nota.

§ XXVII. — **Négation.**

Ne pas se traduit par *non* ou par *haud;*
Ne plus, par *non jam* ou *jam non.*

>*Abire* NON JAM *potest.*
>NON JAM *mater alit tellus (florem).* (Virg.)

Nullement, par *minimè,* ou *nequaquam,* ou *haudquaquam,* ou *neutiquam.*

Pas du tout, par *non omnino* ou *omnino non.*

Omnino non cernitur (Pline), on ne l'aperçoit pas *du tout.*

Ne faciam versus omnino ! (Horace) Que je ne fasse plus de vers *du tout!*

Ni, après une première proposition négative, par *nec* ou *neque,* ou encore par *aut,* ou l'un de ses synonymes, *vel, ve,* qui garde aussi la force négative.

>Non me Lucrina juverint conchylia,
>Magisve rhombus *aut* scari.

Si *ni* est répété, le premier des deux se rend par *non,* ou par *nec* ou *neque,* à volonté.

>*Non* ebur neque aureum
>Meâ renidet in domo lacunar. (Hor.)
>*Nullum recusent* NEC *supplicium* NEC *dolorem.* (Cic.)

Pas même, par *ne...quidem;* mais il faut avoir soin d'intercaler entre les deux mots l'*idée* sur laquelle retombe le mot *même*. *Quæ mihi æmulatio cum eo esse potest qui ne* FILIO *quidem meo æqualis sit.* (*Conc.,* p. 194, l. 5.)

Ne IN OPPIDIS *quidem.* (Pas même dans les villes.)

Ne dites pas :
- et *non,*
- et *nihil,*
- et *nemo,* et *nullus,*
- et *nondum,*
- et *nunquam,*

Dites :
- *neque.*
- *nec quidquam* (1).
- *nec quisquam, neque ullus.*
- *necdum,* ou *neque adhuc.*
- *neque unquam.*

Remarquez le sens des locutions suivantes :

Nonnemo, quelqu'un. — *Nemo non,* tout le monde; (plus fort que *quisque*).

---

(1) Voir les règles de l'emploi de *quisquam,* § xx.

Nonnulli, quelques-uns. — *Nulli non*, tout le monde.
Nonnihil, quelque chose. — *Nihil non*, tout.
Nonnunquam, quelquefois. — *Nunquam non*, toujours.
Non nisi, seulement.

Ex. : Non nihil *temporis tribuit litteris ;* il a donné *quelque temps* aux lettres.

Nullius non *origo extra memoriam jacet;* l'origine de *tous les hommes* se perd dans la nuit des temps. Ou mieux : *Il n'est personne* dont l'origine *ne se perde* dans la nuit des temps.

Si nurum Agrippina non nisi *filio infestam ferre posset...* (Tac.) Si Agrippine veut *seulement* pour bru, *ne* veut pour bru *qu'*une ennemie de son fils...

La négation devant l'impératif se rend par *ne* et le subjonctif, ou par *noli, nolite* et l'infinitif. *Ne* suivi de l'impératif est poétique.

Nota. — Traduisez : *je ne puis m'empêcher de*, par *non possum non* et l'infinitif, ou *non possum quin* et le subjonctif. — Et notez la locution suivante : *Nemo est quin fleat, nemo erat, nemo fuit*, etc. quin *fleret*, comme s'il y avait : *nemo est* qui non *fleat, nemo erat, nemo fuit*, qui non *fleret*.

---

§ XXVIII. — Des prépositions.

On trouvera dans le dictionnaire et les grammaires toutes les prépositions avec l'indication de leurs différents sens et de leurs régimes. On a déjà vu plus haut (p. 62-63) quelques règles propres à trois d'entre elles : *à, de* et *par*. Il y en a deux autres : *pour* et *sans*, qui reviennent aussi très-fréquemment dans le discours, et qui régissent soit des noms ou des pronoms, soit des verbes. Voici diverses manières de les traduire :

Pour { Amor *libertatis.*
       { Meum *in te* (ou) *erga te* studium.

Pour | Pro *gladio, loco gladii* fustem sumpsit.

DES INTERJECTIONS.

Pour { Illum *propter modestiam* amo.
Id libenter *illius causâ, tuâ causâ, illius ergo faciam.*

Pour { Mori *pro patriâ.*
Vitæ tuæ timebam.
Veniam *alicui* petere. (V. p. 62, préposit. A.)
Stare *cum Annibale; à senatu, à senatûs causâ.*

Pour { *Pro certo* habere.
Pro nihilo ducere.

Pour { Surrexit *ut responderet, respondendi causâ* (ou) *gratiâ, responsurus, ad respondendum.* (V. p. 64, verbes régimes d'autres verbes.)

Pour { *In posterum diem; in crastinum diem; in æternum* (p. 72).

Sans | Exiit, *nec* fores clasit.

Sans { Nemo fit doctus *nisi* (ou) *quin* multa legat.
Non temere fama nasci solet *quin* subsit aliquid. (Un bruit ne se répand guère *sans qu'il* ait quelque fondement.) — Cf. p. 77 : *Négation*, nota, et § xxxviii, ch. 7.)

Sans | Non proficiscar *priusquam* tibi vale dixerim.

Sans { *Sine lacrimis* (sans pleurer).
Sine metu.

Sans { Noctem *insomnem* ducere.
Æquo animo (sans se plaindre).
Injussu senatus populique Romani.

Sans | *Temerè, imprudenter* (sans y prendre garde).

Sans { *Me tacente.*
Remoto joco. Etc., etc.

Sans | *Nisi tu fuisses,* ego mortuus essem.

Sans { *Citra* bellum *terrere* hostes. Effrayer l'ennemi sans en venir à la guerre.

---

§ XXIX. — Des interjections.

Les principales interjections employées dans le discours sont : *Herclè*, *Hercule*, *me Hercule* (*me Hercules juvet*). *Par Hercule*, certes.

— At, Hercule, sermo est minimè civilis. (*Conc.*, p. 73, l. 20.)

Eia age, agite, agedum, agitedum; Eh bien, voyons ! — Eh bien, allons ! — Cette locution sert principalement à exhorter ; souvent elle indique une simple *transition*.

Formule de transition : Age contra, *quæ illi infeste in nos fecerint, repetite*. (*Conc.*, p. 167, l. 14.)

Exhortation : Agite, *milites veteres; novum exercitum traducite Iberum*. (*Conc.*, p. 177, l. 9.)

Proh Deûm fidem (s.-ent. *imploro*). Grands dieux ! — Au nom des dieux ! — (Formule de prière, d'adjuration, d'interrogation vive et pressante.)

Proh Deum fidem ! *Quid vobis vultis ?* (*Conc.*, p. 31, l. 18.)

— *Medius Fidius :* suivant certains commentateurs, ces mots : *dius* (*deus*) *Fidius*, sont le nom d'un dieu, fils de Quirinus ; suivant les autres, il faut entendre : *me juvet Dius* (*Deus*) *fidei*. Traduisez : *Certes ; — En vérité. — Les dieux me pardonnent ! Si, me dius Fidius ;* si, les dieux me pardonnent,... etc. (*Conc.*, p. 50, l. 27.)

Si Diis placet : formule d'ironie et d'indignation. Traduisez aussi : *Les dieux me pardonnent*.

L. illum Sextium et C. Licinium, perpetuos, si Diis placet, *tribunos, tantum licentiæ sumpsisse?...* (Un L. Sextius, un C. Licinius, destinés, *les dieux me pardonnent*, à un tribunat éternel,... etc.)

SECONDE PARTIE.

CHAPITRE VII

PROPOSITIONS COORDONNÉES.

§ XXX. — Il va sans dire que toutes les règles précédentes conviennent non-seulement aux phrases qui sont formées d'une seule proposition, mais encore à toute proposition simple qui fait partie intégrante d'une phrase composée. Il faut donc y revenir sans cesse.

Quant aux propositions coordonnées, nous avons dit qu'elles sont unies entre elles par les conjonctions *et, ou, ni, car, mais, or, donc* (1), et leurs synonymes. — Comment ces mots se rendaient-ils en latin? C'est ce qu'il faut maintenant étudier.

1° *Et* se rend indifféremment par *et, que* (après un mot), *ac* ou *atque*. L'harmonie est la seule règle à consulter. C'est une raison d'harmonie qui fait que devant une voyelle les Latins mettent *atque* pour *ac*.

A cette conjonction se rattache l'expression *non-seulement... mais encore*, rendue très-diversement par les Latins. Tantôt ils disent *et... et*.

Ex. : *Sed* ET *nunc,* ET *sæpè alias, dea suam sedem tutata est.* (Conc., p. 209, l. 5.)

Tantôt *non tantum, non solum, sed etiam; non modo* (jamais *solummodo*), *sed etiam*.

Ex. : NON *voluntate* SOLUM, SED *ope* ETIAM *atque virtute nostrâ* (*in vestram ditionem rediimus*). (Conc., p. 205, l. 6.)

Tantôt *quum... tum*, ou *tum* répété.

Ex. : Philosophi, *quum* veteres, *tum* recentiores...

— *Tibi* QUUM *meam salutem,* TUM *omnium horum* (*debeo*). (Conc., p. 133, l. 13.) Je te dois *non-seulement* mon propre salut, *mais encore* celui de tous les soldats que voici.

Tantôt *quà... quà*, tournure plus rare, usitée seulement dans des formes de phrases pareilles à la suivante :

Haud sum ignarus me jussum dicere non tanquam sena-

---

(1) *Et, ou, ni, mais*, unissent toujours deux propositions; seulement la seconde n'est pas toujours exprimée tout entière. Ex. : « Tibérius Gracchus *et* son frère furent tués par les nobles. » Cette phrase revient aux deux propositions suivantes. « Tibérius Gracchus fut tué par les nobles, et son frère fut aussi tué... » Remarque importante pour l'emploi de *suus, sua, suum*. V. § XLI.

natorem, sed tanquam reum, QUA *infelicis belli,* QUA *ignominiosæ pacis.* (*Conc.*, p. 103, l. 7.) Je n'ignore pas qu'on m'invite à parler, non comme sénateur, mais comme l'auteur, d'un côté, d'une guerre malheureuse, de l'autre, d'une paix honteuse.

Quà feminæ, quà viri (Pl. le j.); non-seulement les hommes, mais les femmes aussi.

Tantôt enfin *ut... ità*, termes corrélatifs, qui mettent en parallèle deux propositions.

Ex. : *Dionysius,* UT *impius,* ITA *crudelis fuit.*

Il est bien entendu que cette tournure peut avoir d'autres sens que celui de *non-seulement, mais encore*. Quelquefois elle met deux idées en comparaison l'une avec l'autre.

Ex. : UT *magistratibus leges,* ITA *populo præsunt magistratus.* (*Cic.*) De même que les lois commandent aux magistrats, les magistrats commandent au peuple.

D'autres fois, elle rend la tournure française *si... en revanche, du moins.*

Ex. : *Hæc omnia, ut invitis, ita non adversantibus patriciis acta sunt.* (T. Liv.) *Si* les patriciens virent ces actes avec déplaisir, *du moins* ils n'opposèrent pas de résistance (1).

2° *Ou* se rend par *aut*, ou par *vel*, abréviation de *velis* ou *ve* (après un mot). *Aut* s'applique à des faits et marque d'ordinaire une distinction plus forte, et même une alternative entre les deux termes de laquelle il faut choisir. AUT *vincendum,* AUT *moriendum est.* — *Aut hunc ordinem (patres), aut illum magistratum (tribunos) tollendum.* (*Conc.*, p. 36, l. 5.)

Vel s'emploie bien seul pour signifier *même*. *Vel servi ulciscuntur injurias.*

A la conjonction *ou* se rattache l'expression *tantôt... tantôt*, qui se rend par *nunc* ou *modo* répété.

---

(1) *Ut... ita* peut être remplacé par *ut... sic.*

4.

Dic mihi quare luna *modo* rubeat, *modo* palleat. (Sén.)

Nunc *torquet lapidem*, nunc *ingens machina tignum.* (Hor.)

3° *Ni :* Voir le paragraphe xxvii.

4° *Car* se rend par *namque, nam, enim* (après un mot), *etenim.*

On rattache à cette série les mots suivants : *nimirum, scilicet, videlicet* (apparemment, sans doute, à savoir) ; — *ut, utpote* (comme, en qualité de), et *quippe.*

Ces trois derniers mots, en particulier, produisent une tournure digne de remarque.

Elle consiste à joindre à l'un d'entre eux le relatif *qui, quæ, quod,* pour rappeler *soit un nom, soit un pronom* de la phrase ou proposition précédente. Le relatif prend tel ou tel cas, selon le rôle qu'il joue dans la proposition, et le verbe se met, soit au mode indicatif, soit, de préférence, au mode subjonctif.

> Ex. : *Lucius,* utpote qui *peregre* depugnarit... etc. (Cic.) ; Lucius, *pour avoir combattu, en homme qui a combattu* à l'étranger. *Qui*, pour rappeler Lucius.

— *Multis id cladibus sensimus ;* quippequi *non nostro merito, sed vestrâ patientiâ incolumes* simus. (*Conc.*, p. 15, l. 10.) Nous l'avons éprouvé par de nombreux désastres, *nous qui devons, puisque nous devons* à votre patience, et non point à notre mérite, de vivre encore aujourd'hui. *Quippequi... simus,* comme s'il y avait *namque nos... sumus,* ou *quum simus. Qui,* pour rappeler *nos,* sujet s.-ent. dans *sensimus.*

— *Non potes ne ipse quidem (id) dissimulare ;* quippequi *præ te* feras *eam tibi causam trajiciendi in Africam esse,* etc. (*Conc.*, p. 198, l. 18.) Tu ne peux pas toi-même le dissimuler, *toi qui donnes,* ou bien, *puisque tu donnes,* ou bien, *car tu donnes* pour prétexte à ton passage en Afrique l'intention de... etc. *Quippequi... feras,* comme s'il y avait *namque tu... fers,* ou *quum feras. Qui,* pour rappeler (*tu*) *ipse,* sujet de *potes.*

— *Erras, ac vehementer erras,* QUIPPEQUEM *invidia transversum* EGIT. — *Quippequem,* pour *nam te. Quem,* pour rappeler *tu,* sujet s.-entendu de *erras,* à l'accusatif, comme complément direct du verbe *egit.* Tu te trompes, et tu te trompes étrangement, *en homme que, comme un homme que* la haine a égaré.

On trouve même *qui, quæ, quod,* employé seul avec ce sens. *Ut* ou *utpote,* ou *quippe,* est alors sous-entendu. Mais ce tour est plus rare que les précédents.

Ex. : *Amant te omnes, nec injuriâ,* QUI SIS... (Cic.) Tout le monde t'aime, et avec raison, *toi qui...*

O fortunate, inquit, adolescens, QUI *tuæ virtutis Homerum præconem* INVENERIS, — *qui inveneris,* comme *namque invenisti* ou *quum inveneris.* (Cic.)

Pythius, QUI ESSET, *ut argentarius, apud omnes ordines gratiosus... qui esset,* comme *namque erat,* etc. (Cic.)

5° *Mais* se rend par *sed, verum, vero* et *autem* (après un mot), *at ;* termes auxquels on rattache aussi *ceterum, nihilominus, tamen, attamen, verumtamen.*

Parmi ces mots, *at* a un sens original. Il marque une opposition beaucoup plus forte que ses synonymes et veut dire : *En retour, en opposition, en revanche, d'autre part, du moins.* Les exemples abondent :

« AT *tu tuo supplicio doce humanum genus ea sancta credere, quæ a te violata sunt.* » (*Conc.,* 6, 1. 3.)

« *Si tua re subitâ consilia torpent,* AT *tu mea sequere.* » (*Conc.,* p. 6, 1. 14.)

« AT *secura quies, mollesque sub arbore somni.* » (Virg. *Géorg.,* 11).

De plus, dans la langue oratoire, *at* ou *at enim* annoncent souvent une objection, et signifient *mais, dira quelqu'un.* (V. § XLV.)

6° *Or,* se rend par *atqui, porro, autem* et *vero* (après un mot).

Ex. : *Atqui, si quando unquam usurpandæ libertatis tempus optastis...* (*Conc.,* p. 87, 1. 13.) *Or,* si jamais, etc.

Porrò, en particulier, veut dire : *pour continuer le raisonnement*.

7° *Donc* se rend par *ergo, igitur*. Ajoutez : *itaque, ideo, idcirco, propterea, proindè* (en conséquence) ; *quare, quamobrem, quapropter, quocirca* (c'est pourquoi ; c'est pour cela que).

Ideo, idcirco, sont très-élégamment employés dans les phrases composées, comme antécédents des conjonctions *quia, quod, quoniam, ut*, etc. (voir § XXXIX). Ils fournissent ainsi le moyen de rendre la tournure française : *si... c'est que*. Ex. : *si* je l'ai fait, *c'est que* je l'ai trouvé bón. *Ideo* id feci (pour cette raison, j'ai fait cela), *quia* ita mihi visum est. — Et non pas. : *si* id feci, *id est quia*, etc.

TROISIÈME PARTIE.

CHAPITRE VIII

PROPOSITIONS SUBORDONNÉES.

§ XXXI. — On a dit que les Propositions subordonnées s'annoncent de cinq manières :

1° Par les relatifs *qui, quæ, quod ; ubi, quò, quâ, unde*. 2° Par les interrogatifs dits *indirects* ; 3° par la proposition infinitive ; 4° par les participes ; 5° par les conjonctions.

Nous allons les envisager successivement sous ces cinq aspects.

Relatifs.

OBSERVATION PRÉLIMINAIRE. — Il convient d'adjoindre à *qui, quæ, quod*, les deux relatifs composés : *quicunque, quæcunque, quodcunque*, qui se décline à tous les cas et à tous les genres du singulier et du pluriel ; et *quisquis* dont il ne faut guère employer que les trois formes : *quisquis, quidquid* et *quotquot*. *Quicunque* et *quisquis* reviennent *d'ordinaire*, comme il a été dit déjà § XX, à *omnis qui ;* *quæcunque*, à *omnis quæ ; quodcunque* et *quidquid* à *omne quod*. On peut les traduire, en ce cas, comme de simples relatifs, à la condition de joindre l'idée d'*omnis*, *omne* à l'antécédent :

Ex. : *Ei regnum defero quisquis...* — Traduisez comme s'il y avait : *Omni homini regnum defero qui...* etc.

Il est inutile d'insister sur les règles d'accord du relatif avec son antécédent, ou sur les différents cas que lui assignent ses différents rôles dans une proposition.

Voici quelques observations plus importantes :

1° Tandis que le français sépare l'antécédent de son relatif, et les met chacun dans une proposition différente, le latin les réunit ou les sépare presque suivant son caprice, et se plaît même à exprimer deux fois l'antécédent.

Ex. : « *Sequitur vos* NECESSITAS MILITANDI, QUAM *fugitis*. » (*Conc.*, p. 33, l. 13.) (Antécédent et relatif séparés comme en français.)

« CUJUS REI *præmium est in civitate*, EA *maximis semper auctibus crescit.* » (*Conc.*, p. 34, l. 16.) (*Ea* pour *ea res*.) (Antécédent accolé au relatif dans la proposition que celui-ci domine, et supprimé dans sa propre proposition, où il n'est plus représenté que par le démonstratif *ea*.)

« LEGES *paratæ sunt*, QUIBUS LEGIBUS *exsilium damnatis permissum est*. (*Conc.*, p. 359, l. 2.) (Antécédent répété après son relatif.)

La seconde de ces trois tournures est des plus élégantes. Et pourtant si l'antécédent doit être *un démonstratif*, il est fort souvent supprimé lui-même :

Ex. : *Qui mentiri solet, pejerare consuevit* (Cic.), sous-entendu *ille*.

Quod non dedit fortuna, non eripit (Sénèque), sous-ent. *id* à l'accusatif.

Cette tournure en produit une autre qui ne s'écarte pas moins de nos habitudes françaises : elle consiste à placer dans la proposition incidente, comme sujet ou comme complément, tel substantif ou tel pronom qui semblerait appartenir plus naturellement à la proposition principale, et qui en ferait effectivement partie, *si celle-ci eût commencé la phrase.*

Ex. : *Quod non dedit* FORTUNA, *non eripit. Fortuna,* qui devrait escorter *eripit,* verbe de la proposition principale, comme son sujet, a pris place comme sujet de *dedit,* dans la proposition incidente, *parce que celle-ci précédait la principale.*

— *Si, quod* CUIQUAM *privatim officiet jus, id destruet ac demolietur...* Cette phrase revient à la suivante : *si* QUISQUAM *id (jus) destruet ac demolietur quod jus ei privatim officiet* — (si quelqu'un détruit et renverse telle loi qui lui fait tort en particulier). *Quisquam,* sujet de la proposition principale, où il est supprimé, est devenu *cuiquam* dans l'incidente, comme régime d'*officiet* (*Conc.*, p. 233, l. 6).

— *Privatorum consiliorum ubique semper fuit, ut in quam* CUIQUE FEMINÆ *convenisset domum, nuberet; ex quâ pactus esset* VIR *domo, in matrimonium duceret.* Entendez : *Privatorum consiliorum ubique semper fuit, ut, in quam convenisset domum,* QUÆQUE FEMINA *nuberet; ex quâ pactus esset domo,* VIR *in matrimonium duceret.* (*Conc.*, p. 40, l. 22.)

2° Il y a des propositions françaises qui sont comme en apposition avec une proposition précédente, et qui commencent par un substantif antécédent suivi immédiatement de son relatif. En latin, le relatif précède au contraire son antécédent, et, qui plus est, l'antécédent est souvent séparé par plusieurs mots de son relatif. Ex. :

« *Signo secundæ vigiliæ convenistis,* QUOD TEMPUS *mortales somno altissimo premit* (*Conc.*, p. 83, l. 27).

«... *Hoc non reges injunxerunt servitutis, ut perennem militiam facerent;* QUOD *tribuni militum in plebe Romana* REGNUM *exercent* (*Conc.*, p. 45, l. 15) ; on eût dit en français : *moment qui,* ou bien *moment où... tyrannie que,* etc.

3° Des trois sens possibles des relatifs latins.

Le relatif *qui, quæ, quod*, peut s'employer en trois façons diverses :

Tantôt il correspond à *et ego, et tu, et is, ille*, ou bien *sed, nam, tamen, igitur ego, tu, is* ou *ille*, à tous les cas, à tous les genres et à tous les nombres. Cela a lieu surtout quand le relatif commence la phrase. Ex. :

« *Quarum rerum si vos tædium capere potest.* » (*Conc.*, 34, l. 6.)

Quarum pour *sed earum*. Mais il peut se décomposer de même à d'autres places. Ex. :

« *Nihil ergo vobis nec nobiscum est,* QUIBUS *nihil mandastis, nec cum Samnitibus, cum* QUIBUS *nihil egistis.* » (*Conc.*, p. 107, l. 1.)

Le premier *quibus* pour *nam nobis*; le second pour *nam cum illis*. (Vous n'avez donc rien à voir avec nous, *car* vous ne *nous* avez donné nulle instruction, ni avec les Samnites, *car* vous n'avez pas traité *avec eux*.)

Il est souvent fort commode, pour la traduction, d'analyser ainsi le relatif. Ex. :

Magna vis est conscientiæ, QUAM QUI *negligent, se ipsi indicabunt* (Cic., 3ᵉ Catil. fin); *La force de la conscience est grande,* ET *ceux qui* LA *braveront* (et eam qui), *se dénonceront eux-mêmes.*

Tantôt il remplace *ut ego, ut tu, ut is,* ou *ille*. Ex. : *lætor te mihi potissimum datum,* A QUO *pacem peterem* — *a quo*, pour *ut a te.* (*Conc.*, p. 215, l. 3.)

— *Nec alpes aliæ sunt,* QUAS *dum superat hostis, comparari possint præsidia* (*Conc.*, p. 124, l. 21), *quas dum superat* pour *ut, eas dum superat hostis, præsidia*, etc. Expression d'autant plus remarquable, que les deux mots que remplace *quas*, se rapportent à deux propositions différentes : *ut* régit *possint*, tandis que *eas* est régime de *superat*.

Tantôt enfin il renferme l'idée de *talis ut ego, tu, is* ou *ille*; seulement l'idée de *talis* est assez souvent exprimée par *is, ea, id*. Ex. : « *flumen opportunum,* QUO *maritimi commeatus accipiantur* » (*Conc.*, p. 61, l. 3) ; *quo*, pour *tale ut eo*, etc. (Un fleuve commode, et *tel que par lui* puissent être reçus les convois de mer.)

« Qui *pugnarent vobiscum infestius, et alios duces senatus habuit ;* qui *maximè vobis suis militibus parceret, et* cui *plurimum vos imperatori vestro crederetis, eum elegit.* » (*Conc.*, p. 85, l. 29.) Au début, *qui* remplace *tales ut illi ;* dans la seconde partie, *eum* exprime l'idée de *talem* comme antécédent de *qui* et de *cui*. — Des généraux capables de vous combattre (*tels qu'ils dussent vous combattre*) avec des sentiments plus hostiles, le sénat n'en manquait pas ; il a choisi le mieux fait pour vous épargner (*il en a choisi un tel qu'il vous épargnât le plus...* etc.)

Cette tournure est des plus élégantes pour rendre les locutions françaises : *être homme à, femme à, chose à ; être capable de, susceptible de, propre à, destiné à, fait pour,...* et les analogues.

Ex. : *Non is fuit Aristides qui civibus suis vel ingratis irasceretur :* Aristide n'était pas *homme à* en vouloir, etc.

Voyez enfin, chap. VII, § xxx, un autre emploi très-remarquable de *qui, quæ, quod*, avec ou sans *ut, utpote* et *quippe*.

Les quatre adverbes relatifs cités plus haut se décomposeraient de la même façon : *Undè*, par exemple, remplace tour à tour *et, sed, nam, ergo indè*, ou bien *ut indè*, ou bien *talis locus* (ou quelque autre substantif) *ut indè*. Ex. :

Saguntum vestri circumsident exercitus, unde *arcentur fœdere.* (*Conc.*, p. 115, l. 1.) *Unde*, synonyme d'*inde tamen*.

Quærit unde *domi militiæque se ac suos tueri* possit. (*Conc.*, p. 48, l. 10.) *Unde* pour *talia ut inde*, ou *tales opes ut inde*, etc.

Cette *décomposition* n'est pas, bien entendu, obligatoire. Il y a même des cas où il est élégant en français d'employer le relatif seul et de supprimer l'antécédent. Ainsi l'exemple précité se traduirait fort bien : Il amasse *de quoi* s'entretenir, lui et les siens.

DES INTERROGATIONS.

« Autre exemple : *Desideria ex falsâ opinione nascentia* UBI DESINANT *non habent* » (Sénèque). (Les besoins que les préjugés font naître n'ont point *où* s'arrêter.)

CHAPITRE IX

DES INTERROGATIONS.

§ XXXII. Interrogation en général.

Sont ou peuvent être interrogatifs :

Quis, quæ, quid, ou *quod* avec un nom ; *Quid fecit? quod opus edidit?*

Quisnam, quænam, quidnam ou *quodnam* avec un nom.

Ecquis, ecqua, ecquid ou *ecquod* avec un nom. (Y a-t-il quelqu'un qui, quel homme, quelle femme, etc.) Cet interrogatif attend une réponse négative, ou se prend comme synonyme de *nonne quisquam*. (V. page 35.)

Qui, quæ, quod. On emploie *qui* à la place de *quis*, lorsqu'on s'informe du *caractère* de la personne, plutôt que de *son nom*, de *son pays*, de *sa condition*.

Quis est? qui est-il ? (Quel est son nom, son pays, sa profession ?)

Qui est? Quel est son caractère? quelles sont ses mœurs, ses habitudes ?

Qualis, quantus, quotus, uter.

An, anne, ne (après un mot) ; *nonne, num, utrum ; ecquando* (réponse négative ou synonyme de *nonne unquam*.) (V. fin du chapitre, page 93.)

Cur, quando, quare, qui, quomodo, quoties, etc.

Il est d'usage de distinguer l'interrogation *directe* de l'interrogation *indirecte;* l'interrogation *simple* de l'interrogation *double*.

L'interrogation est *directe* quand elle est immédiate, et que le mot interrogatif ne dépend d'aucun autre.

Ex. : *Venez-vous? Qui êtes-vous? Quelle heure est-il? Pourquoi faites-vous cela?*

Elle est *indirecte* dans les autres cas. Ex. : *Dites-moi* si *vous venez? On demande* QUI *vous êtes? J'admire* COMMENT *vous avez fait cela. Si, qui, comment,* dépendent chacun d'une proposition marquée par les trois verbes : *dites-moi, on demande, j'admire*.

Après l'interrogation *directe*, on met l'indicatif. Les quatre exemples ci-dessus se traduiraient donc : *Venisne? Quis es?* ou bien, si l'on veut s'enquérir du *caractère* de la personne, plutôt que de *son nom,* de *son pays,* de *sa condition :* — *Qui es?* — *Quota hora est ?* — *Cur id facis?*

L'idée du conditionnel et même celle du futur, quand, au lieu de marquer précisément l'avenir, il a plutôt *le sens du conditionnel* ou des verbes *pouvoir* et *devoir*, se rendent par le subjonctif. Ex. : *Utrum tandem pluris* ÆSTIMEMUS *pecuniam Pyrrhi, an continentiam Fabricii?* Lequel *préférerons-nous,* lequel *pourrions-nous préférer,* lequel *devons-nous préférer,* de l'argent de Pyrrhus ou du désintéressement de Fabricius ? (V. page 65, n. 3.)

Certains interrogatifs français (*que, pourquoi, où, comment,* etc.), sont parfois suivis de *l'infinitif*. Il faut absolument en latin y substituer *l'indicatif* ou le *subjonctif*, à telle ou telle personne, selon le sens.

> Ex. : *Pourquoi pleurer? quid fles, quid fletis, quid flemus,* etc. — *Que faire? quid faciam, facias, faciat,* etc., s'il s'agit de l'avenir, et qu'on puisse tourner par *que ferai-je? que feras-tu? que puis-je faire, que peux-tu faire, que peut-il faire,* etc. — *Quid facerem, faceres,…* s'il s'agit du passé et qu'on puisse tourner par *qu'eussé-je fait, qu'eusses-tu fait, que pouvais-je faire, qu'aurais-je pu faire,* etc.

Quand l'interrogation est *indirecte*, c'est-à-dire, subordonnée à une autre proposition, le verbe qui dépend de l'interrogation se met *au temps du français et au mode subjonctif*. Ex. : *Ante oculos proponite* QUÆ *terrâ marique…* PASSI SITIS. (*Conc.*, p. 115, l. 13.)

Si le verbe doit être à la fois au subjonctif et au futur,

DES INTERROGATIONS.

on emploiera : à l'actif, *sim, sis, sit, essem*, etc., avec le participe en *rus, ra, rum ;* au passif, le même verbe avec le participe *dus, da, dum*, s'il y a obligation, et la locution *futurumne sit, futurumne esset*, etc., s'il s'agit de marquer seulement l'avenir. Ex. :

Nescio sitne venturus ; nescio audiendusne sit ; futurumne sit ut audiatur. (Je ne sais *s'il viendra; s'il doit* être écouté, *s'il y a obligation de* l'écouter ; *s'il sera écouté*.) — (Voir § XXII, sur le futur subjonctif, page 39.)

§ XXXIII. — L'interrogation est *simple*, quoiqu'elle soit d'ailleurs directe ou indirecte, quand il n'y a qu'une seule interrogation, ou bien une suite d'interrogations qui n'offrent point d'opposition entre elles. Ex. :

Qui êtes-vous ?
Que fait-il ? Vous écoute-t-il ? A-t-il profité de vos leçons ?

Elle est *double* quand il y a au moins deux interrogations opposées l'une à l'autre par la conjonction *ou* (exprimée ou sous-entendue).

Ex. : *Vient-il, ou reste-t-il en route ?*
Que veut-il ? Est-ce haine, est-ce amour qui l'inspire ?

L'interrogation simple, dans les *Verbes*, se rend par *ne* et non par *an*. Si la réponse doit être négative, on emploie *num ;* et si la proposition interrogative renferme en même temps une négation, on emploie *nonne*. Le mode varie selon que l'interrogation est *directe* ou *indirecte*.

Ex. : *Præstat*NE *utilitas honestati ?*
NUM *cadit in bonum virum mentiri ?*
NONNE *poetæ post mortem nobilitari volunt ?* (Cicéron.)
Supposez *non dubitandum est, ne quæras, num dubius es,* ou tout autre mot régissant ces trois propositions, et vous aurez : *præstet, cadat, velint.*

Quand l'interrogation est double, on met à sa fantaisie *utrum* devant la première proposition interrogative, ou *ne* (après le premier mot de cette proposition), ou *rien du tout*, à condition de mettre toujours *an* devant la seconde proposition. Ex. :

UTRUM *defenditis*, AN *impugnatis plebem, tribuñi* (*Conc.*, p. 47, l. 9)? On aurait pu dire *defenditis*NE, AN *impugnatis plebem,* ou bien *defenditis,* AN *impugnatis...*

Supposez une proposition, un mot régissant cette interrogation, et vous aurez *defendatis* et *impugnetis*.

Uter, utra, utrum a quelquefois pour objet d'annoncer l'interrogation double sans en faire partie. Ex. :

*Uter est doctior, tu*NE AN *frater?*

Ou non, se rend par *annon*, ou *necne*. Ex. : *Ea vos rata habeatis,* NECNE, *magis reipublicæ interest, quam meâ.* (Que vous approuviez *ou non* ces actes, cela intéresse plus la république que moi-même.)

Ou, pouvant se tourner par *et*, ne marque pas une opposition entre les deux idées qu'il sépare, et se rend par *aut*.

Ditiorne est AUT *felicior ille quam tumetipse?* L'interrogation est simple.

Par tous ces exemples, on peut voir que la vraie place de la particule *an*, celle que les écrivains du siècle d'Auguste lui ont d'ailleurs assignée, est après *utrum* ou *ne*, devant le second membre d'une interrogation double (1). Voilà pourquoi, chez ces auteurs, *haud scio an, nescio an, dubito an*, suivis d'un verbe, ne signifient point : *Je ne sais si, je doute si*, mais *je ne sais si... ne pas, je doute si... ne pas*, comme en opposition avec une première in-

---

(1) Voilà pourquoi aussi la particule *an*, même au début d'une phrase, marque une opposition avec quelque idée précédente, exprimée ou s.-entendue, et signifie : *ou bien est-ce que*. Ex. : *sed, per Deos immortales, quo illa oratio pertinuit?* AN *uti vos infestos conjurationi faceret.* (*Conc.* p. 355, l. 15) *mais, au nom des Dieux! à quoi bon un pareil discours?* Réponse : Première partie sous-entendue : *à rien*. — *Ou bien alors* avait-il pour objet de vous enflammer, etc.

terrogation sous-entendue. Ex. : *nescio an modum excesserint.* Rétablissons un moment la première interrogation : *nescio utrum modum excesserint ;* il est clair que la particule *an* qui suivra sera escortée d'une négative : « *Je ne sais s'ils ont passé la mesure, ou s'ils* NE *l'ont* PAS *passée.* Nescio an* revient donc à *nescio an non ;* autrement dit, *nescio an* veut dire *peut-être.* Il est vrai que les écrivains postérieurs n'ont plus observé rigoureusement cette règle, mais les exemples abondent au grand siècle. — *Nescio an in reliquis rebus idem eveniat* (Cic.) (comme s'il y avait *an non*).

Nescio an infestior hic adversarius, quam ille hostis, maneat. (*Conc.,* p. 154, 1. 12.)

(Je ne sais si Varron *ne te fera pas plus de mal* qu'Annibal.) —

Qui scis an prudens hùc se projecerit atque Servari nolit? (Horace.) (Comment sais-tu s'il *ne s'est pas jeté* là exprès, et *s'il ne veut pas ne pas être sauvé,* autrement : s'il veut être sauvé), etc., etc.

La locution *nescio quis* est également à remarquer ; elle est considérée quelquefois comme simple synonyme d'*aliquis,* et cesse alors d'influer sur le mode du second verbe.

Ex. : *Nescio quis teneros oculus mihi fascinat agnos.* (Virg.) (Je ne sais quel mauvais œil fascine mes jeunes agneaux.)

Signalons enfin, parmi les interrogatifs latins, les trois locutions oratoires *en unquam, ecquid,* et *ecquando.*

La première revient à *nunquamne,* ou *unquamne,* selon le sens général de la phrase, et suppose comme les deux autres une réponse négative.

Ex. : EN UNQUAM *creditis fando auditum esse Numam Pompilium..., Romæ regnasse? Croyez-vous donc que nous n'ayons jamais entendu dire que* Numa Pompilius... *régna jadis à Rome* (*Conc.,* p. 38, 1. 3) ?

EN UNQUAM *ille dies futurus esset quo vacuam hostibus Italiam... visuri essent?* Le jour *viendrait-il donc jamais* où ils verraient l'Italie délivrée d'ennemis? (*Conc.*, p. 213, l. 13.)

La seconde répond d'ordinaire à *ne* ou à *nonne ;* c'est-à-dire au français : *est-ce que*, ou *est-ce que... ne pas*.

Ex. : ECQUID *sentitis in quanto contemptu vivatis? Sentez-vous donc enfin*, ou bien : *ne sentez-vous donc pas enfin* dans quel mépris vous vivez? (*Conc.*, p. 37, l. 21.)

Enfin *ecquando* veut dire : *y a-t-il, y aura-t-il donc un jour, n'y a-t-il, n'y aura-t-il donc pas un jour où*.

Ex. : ECQUANDO *unam urbem... habere licebit? Y aura-t-il donc*, ou bien : *n'y aura-t-il donc pas un jour où* plébéiens et patriciens n'auront qu'une seule et même ville? (*Conc.*, p. 32, l. 5.)

Ces trois interrogations sont inspirées le plus souvent par un ardent désir ou par une passion vive : c'est bien plutôt un cri de l'âme fortement agitée qu'une interrogation proprement dite, et il ne faut pas les employer indistinctement à la place de *ne, num, nonne,* etc.

CHAPITRE X

PROPOSITIONS INFINITIVES.

§ XXXIV. Dans la phrase suivante : *credo te flere*, il y a deux propositions : une principale, *credo*, une subordonnée, *te flere*, qu'on appelle infinitive, parce que son sujet est à l'accusatif et son verbe au mode infinitif.

Remarquons avant tout qu'une proposition infinitive peut être également le *sujet* ou le *complément* d'une autre proposition à un mode personnel.

Ex. : *Credo te flere*. Sujet et verbe : (*Ego*) *credo ;* complément : *te flere*.

PROPOSITIONS INFINITIVES.

Illud te mihi ignoscere æquum erit. (*Conc.*, p. 194, l. 21.)

Sujet : *Te mihi illud ignoscere;* verbe : *erit;* attribut : *æquum.*

Toute proposition subordonnée que domine *un interrogatif* ou *une conjonction* peut de même être le sujet d'une autre proposition, bien plus, d'un participe ou d'un adjectif à l'ablatif absolu.

Ex. : Proposition dépendant d'une *conjonction* et servant de *sujet* à un verbe au mode subjonctif :
« *Tuum erit consultare*, UTRUM PRÆVALEAT QUOD EX ARMENIO CONCEPIT, AN QUOD EX ME GENITA EST. » (*Conc.*, p. 393, l. 16.)

Construction : *Tuum erit consultare utrum :* 1er sujet : (*hoc, scilicet*) *quod ex Arminio concepit, an;* 2° sujet : (*illud scilicet*) *quod ex me genita est;* verbe : *prævaleat.* (Il t'appartiendra de juger si (ce fait : à savoir) *d'avoir eu un enfant d'Arminius,* ou (cet autre, à savoir) *d'être née de moi,* doit l'emporter.)

Propositions interrogatives servant de sujets à des ablatifs absolus :

« *Nondum cognito qui fuisset exitus in Illyria* (TAC., *Annal.*, 1, 46). Construisez : (*hoc, scilicet*), *qui fuisset exitus in Illyria, nondum cognito. Comme on ne savait pas encore quel avait été le dénoûment* (de la révolte) en Illyrie. »

— « *Intellecto in quos sæviretur.* (TAC., *Ann.*, 1, 49.) Construisez : (*hoc, scilicet*), *in quos sæviretur intellecto. Quand on eut compris* quels étaient ceux qu'on voulait punir.

On trouverait aussi souvent la proposition infinitive employée d'une façon analogue : *Patres vocantur,* ADDITO *consultandum super re magna...* (TAC., *Ann.*, 11, 28.)

De la proposition infinitive

CONSIDÉRÉE COMME COMPLÉMENT D'UNE PROPOSITION PRINCIPALE.

§ XXXV. — A quel temps faut-il mettre le verbe de la proposition infinitive ?

L'infinitif a quatre temps ; il y a donc *quatre règles* à observer :

1° Si le verbe de la proposition principale et celui de la proposition infinitive expriment deux actions (1) simultanées, mettez *le présent* de l'infinitif, *à quelque temps d'ailleurs que soit le premier verbe.*

Ex. : *Je crois qu'il est malade ;* on peut tourner : *Je crois présentement qu'il est malade présentement ;* les deux actions sont simultanées ; je traduirai donc : *Credo eum ægrotare.*

Je croyais, j'ai cru, j'avais cru, j'aurais cru qu'il était malade. On peut tourner encore : *Je croyais,... j'aurais cru alors qu'il était malade alors ;* je mettrai donc encore *ægrotare.*

2° Si le verbe de la proposition infinitive marque une action *antérieure* par rapport à celle qu'exprime le premier verbe, mettez le *passé* de l'infinitif. Ex. : *Je crois qu'il nous favorisait ;* on peut tourner : *je crois maintenant qu'il nous favorisait tout à l'heure, l'an passé,* etc. La seconde action est donc antérieure à la première ; je traduirai : *favisse.* — *Je croyais qu'il était venu. Je croyais* TOUT A L'HEURE, HIER, *qu'il était venu* AUPARAVANT, IL Y A HUIT JOURS, etc. (Venisse.)

3° Si le verbe à l'infinitif marque une action simplement *postérieure* par rapport à celle du premier verbe, mettez *le futur simple* de l'infinitif. Ex. : *Je ne pensais*

---

(1) Nous disons *actions* pour abréger ; il va sans dire que certains verbes expriment un état ; exemple : je souffre ; et d'autres, une conception de l'esprit ; ex. : je crois. — La règle leur est également applicable.

pas qu'il viendrait. On peut tourner : *je ne pensais pas alors qu'il viendrait plus tard, le lendemain, les jours suivants*, etc. : — *venturum*, etc.

4° Si l'action marquée par le verbe de la proposition infinitive est à la fois *postérieure* par rapport à l'action du premier verbe, et *antérieure* par rapport *à une autre proposition, à une autre idée de temps*, exprimée ou sous-entendue, mettez *le futur passé* :

Ex. : *Je crois qu'il sera venu quand vous partirez. Il sera venu*, futur par rapport à *je crois ;* antérieur par rapport à *quand vous partirez.*

Adventurum fuisse.

J'espère qu'il aura terminé son ouvrage (sous-entendu, *tout à l'heure, bientôt, demain,* etc.) *Il aura terminé*, futur par rapport à *je crois ;* antérieur par rapport à l'adverbe de temps sous-entendu. — *Perfecturum fuisse.*

Nota. Voir au § xxii les différentes formes du futur infinitif.

Des verbes qui gouvernent la proposition infinitive.

§ XXXVI. — Tous les verbes que les Latins appellent *verba declarandi et sentiendi*, veulent après eux la proposition infinitive. — Les principaux sont : *dire* et ses synonymes : *affirmer, soutenir, prétendre, avertir que, annoncer, mander, enseigner, apprendre, informer, prouver, démontrer, nier ;* — *penser* et ses synonymes : *imaginer, supposer, soupçonner, juger, conjecturer, croire, admettre, reconnaître, concevoir, comprendre, sentir ;* — *espérer, compter, se flatter ;* — *promettre, assurer, garantir, jurer,* etc.

Nota. Si les verbes *dire, avertir, mander,* signifient *ordonner, commander*, ils prennent le subjonctif avec *ut.* (§ xxxviii, 1°.)

DIFFÉRENCES ENTRE LE FRANÇAIS ET LE LATIN.

1° Souvent, en français, un des verbes cités plus haut

est suivi immédiatement de l'infinitif, qui veut en latin la proposition infinitive complète, et même, en certains cas, un autre temps que celui de l'infinitif français :

Ex. : *Je crois être malade : Credo* ME *esse ægrum.*

J'espère le rencontrer : Spero EUM MIHI *obvium fore.*

Mais le verbe *croire*, en ce cas, c'est-à-dire lorsqu'*il a le même sujet que l'infinitif qu'il régit*, et qu'il signifie : *se sembler, se paraître à soi-même*, se rend très-élégamment en latin par le verbe *videor*, escorté des pronoms personnels *mihi, tibi, sibi, nobis*, etc. — Ces pronoms même peuvent se sous-entendre. Ex. : *Je ne crois pas parler à mon armée : Je ne me parais pas, il ne me semble pas que je parle* à mon armée. *Non equidem mihi cum exercitu meo loqui videor.* (*Conc.*, p. 180, l. 1.)

Il croit avoir du goût : *Il se paraît à lui-même avoir, il lui semble qu'il a* du goût : *Videtur ille sibi* (ou) *videtur ille sapere* (1).

2° On sait que l'attribut qui suit le verbe *être* ou les verbes neutres et passifs qui ont quelque analogie avec le verbe *être*, se met au nominatif. *Deus est sanctus; — ego nominor leo; — graculus rediit mœrens.* Le même cas se conserve lorsque ces verbes, employés à l'infinitif, dépendent eux-mêmes d'un premier verbe *qui n'exige pas après lui la proposition infinitive*, tel que les suivants : *Possum, soleo, incipio, pergo, desino, maturo, studeo, cupio, volo, nolo, malo*, etc.

Il suffit que *les deux verbes aient le même sujet*.

Ex. : *Je puis être bon : Possum esse bonus.*

Je veux être indulgent : Volo esse indulgens.

Toutefois, après les verbes *volo* (2), *nolo, malo, cupio,*

---

(1) Ne confondez pas *videtur* régi par *ille* ou tout autre sujet substantif ou pronom au nominatif, avec *videtur* employé au sens impersonnel et comme traduction du français : *il semble, il paraît, il paraît bon.*

(2) Quoique le verbe *volo* et ses analogues puissent gouverner la proposition infinitive, ce n'est pas une raison pour que, *dans le*

on peut choisir entre cette tournure et la proposition infinitive, *à condition d'en exprimer le sujet à l'accusatif.*

Ex. : *Malæ rei* SE... *turbarum ac seditionum, duces esse volunt (tribuni). (Conc.,* p. 34, l. 5.)

Cicéron, de même, dit dans sa première *Catilinaire* : *Cupio* ME *esse clementem.* Il eût pu dire : *cupio* ESSE CLEMENS (mais non *cupio esse clementem,* en sous-entendant *me*).

Et Horace, dans l'Art poétique : *Hunc ego* ME *non magis esse velim* (35). Je ne voudrais pas plus *être* cet homme.

Mais avec *licet, libet,* et les autres impersonnels de cette sorte, jamais l'attribut ne peut être au nominatif, parce que *les deux verbes n'ont pas le même sujet.*

Ex. : *Il nous est permis d'être heureux :*
Nobis licet esse beatos ;
Nobis licet esse beatis ;
Nos licet esse beatos ;

Ou, par une autre tournure : *Licet simus beati.*

Illis timidis et ignavis esse licet, qui... etc. (*Conc.,* p. 128, l. 20.)

3° Tournure latine propre aux verbes *volo, nolo, malo, cupio, oportet.*

Après ces verbes, les Latins substituent élégamment à l'infinitif actif *l'accusatif du participe passé passif* avec *esse* exprimé ou sous-entendu.

Ex. : *Illud te* MONITUM *velim.* (Pour *illud te monere velim*). (*Conc.,* p. 2, l. 9.) (Je voudrais *toi avoir été averti.*)

---

choix du temps, les règles des verbes *déclaratifs* leur soient applicables. Ainsi la phrase suivante : « Je veux que vous veniez ici demain » se traduirait : Volo te hùc cras *venire* (je veux vous *venir* demain), et non *venturum esse,* quoique l'action du verbe *venir* soit postérieure à celle de *vouloir.* (On signale ici cette faute, parce qu'on l'a relevée déjà dans les devoirs de plus d'un élève.)

Scilicet, quia nobis CONSULTUM *volebatis.* (*Conc.*, p. 41, l. 10.) (*Consultum* pour *consulere.*) Apparemment, c'est parce que vous vouliez ménager nos intérêts. (Vous vouliez *avoir été pris garde, qu'il eût été pris garde* à nos intérêts.)

Oportuit autem... non EXSPECTATAM *fabulam noctis hujus* ESSE. (*Conc.*, p. 300, l. 1); (*exspectatam esse* pour *exspectare*). Il aurait fallu *ne pas attendre* le conte de cette nuit.

CHAPITRE XI

DES PARTICIPES (1).

§ XXXVII. — On sait qu'à la voix active les Latins n'ont pas de participe passé ; on y supplée de trois manières :

1° On tourne par *lorsque, comme, puisque ;* en latin, *quum* ou *postquam*.

Ex. : *Æschines,* QUUM CESSISSET ATHENIS, *se Rhodum contulit.* Eschine, *ayant quitté Athènes*, etc.

2° Ou bien : on tourne par l'*ablatif absolu* au passif :

Ex. : *Roma,* CARTHAGINE DELETA, *suas in se vires convertit :* Rome, *ayant détruit Carthage*, etc.

3° Ou bien, si le participe et le verbe principal ont le même objet pour complément, on unit le participe au complément en tournant par le passif :

Ex. : CAPTAM URBEM *hostis diripuit.* (*L'ennemi ayant pris la ville, la pilla.*)

A la voix passive, c'est le participe présent qui n'existe

---

(1) On ne répétera pas ici ce qui a été dit déjà sur les participes en *rus, ra, rum* et en *dus, da, dum,* comme sur les participes présents et passés. (Voir pages 15, 18, 39, 40, 41, 42, 66.) Ce chapitre XI n'est guère que le complément de toutes nos observations antérieures.

DES PARTICIPES.

pas en latin. On y supplée de deux manières ; soit par la conjonction *quum*, soit par l'ablatif absolu à la voix active :

Aimé comme vous l'êtes, pouvez-vous être malheureux ? Quum *ita te* quisque diligat, ou bien : quum *sic ab omnibus* diligaris, ou bien enfin : omnibus ita te diligentibus, *num potes esse miser ?*

Nota. Les Latins aimaient aussi à employer des substantifs et des adjectifs à l'ablatif absolu :

Ex. : *Paupertate magistrâ virtutes discuntur. — Cicerone consule. — Tu nihil invitâ facies dicesve Minervâ.* (Horace, Art *poétique*.)

On a vu plus haut (chap. V, § xxii), comment le participe en *dus, da, dum*, s'emploie au passif pour marquer la *nécessité*, l'*obligation*, la *convenance*. Ce même participe sert encore à rendre l'infinitif français précédé de *à* ou *de*, et régi par quelque verbe qui se rapporte à l'idée de *donner* ou de *prendre*. On a rencontré déjà, page 65 (*Verbes régimes d'autres verbes*) :

Dedit mihi libros legendos (des livres à lire). — On dit de même *Juventutem erudiendam suscipere* (prendre la jeunesse à instruire ; c'est-à-dire, se charger d'instruire la jeunesse).

Enfin le verbe *curare*, avec le même participe, équivaut à l'expression française *faire faire* quelque chose. *Cæsar pontem faciendum curat* (Cic.). César *fait faire, fait construire* un pont (sur la Saône).

CHAPITRE XII

DES CONJONCTIONS.

Conjonctions régies par un verbe.

§ XXXVIII. — 1° Les verbes qui marquent soit le *conseil*, l'*exhortation*, l'*ordre*, la *prière*, le *désir;* soit l'*effort*, le *soin pour atteindre un but*, prennent après eux la conjonction *ut*, ou, s'il y a négation, la conjonction *ne* (pour *ut non*) (1) :

Ex. : *Te hortor ut legas, ne ludas. — Cura ut valeas, ne ægrotes.*

Exception : *Jubeo* veut toujours après lui la proposition infinitive. — *Volo, nolo, malo, cupio,* peuvent aussi prendre après eux la *proposition infinitive* ou le *subjonctif*.

Quelquefois la conjonction *ut* est sous-entendue. Ex. : *Precor venias,* pour *Precor ut venias.*

2° Les verbes qui marquent la *possibilité*, la *permission*, l'*obligation*, la *nécessité*, la *convenance*, prennent après eux le subjonctif avec ou sans la conjonction *ut*, ou la proposition infinitive.

Ex. : *Oportet ut venias. — Oportet venias. — Te venire oportet.*

3° Les verbes qui marquent l'*obstacle*, l'*empêchement*, l'*opposition*, la *défense*, prennent après eux *ne* où *quominus*, quand ils sont employés affirmativement, et *quin* ou *quominus*, quand ils sont escortés d'une négation ou d'une interrogation. *Prohibeo* se trouve souvent avec la proposition infinitive, et *veto* la veut toujours après lui, comme son contraire *jubeo*.

---

(1) En thèse générale, *ne* remplace *ut non* devant le second verbe, quand le premier marque une intention.

Ex. : *Id impedivit ne* ou *quominus proficiscerer.* — *Valetudo prohibet ne domo exeamus,* ou *nos domo exire.* — *Deus vetat nos mentiri.*

4° Les verbes qui marquent la *crainte* veulent après eux *ne,* si le verbe *qu'ils régissent* n'est pas accompagné d'une négation, et *ne non* ou *ut* dans le cas contraire :

Ex. : *Timeo ne moriatur.* — *Timeo ne non* (ou) *ut incolumis evadat* (1).

5° Les verbes qui marquent le *regret*, le *dépit*, la *joie*, la *tristesse*, l'*étonnement*, l'*orgueil*, veulent après eux la conjonction *quod* et l'indicatif, ou la proposition infinitive :

Ex. : *Gaudeo te valere.* — *Gaudeo quod vales.*

6° Les verbes qui marquent l'*attente* prennent après eux la conjonction *dum* ou *donec* avec le subjonctif :

Ex. : *Exspecta dum redeam.*

7° Les verbes qui marquent le *doute* amènent après eux l'emploi de l'*interrogation simple* ou de l'*interrogation double* avec le subjonctif, s'ils sont employés affirmativement, et la conjonction *quin* avec le même mode, s'ils sont accompagnés d'une négation ou d'une interrogation :

Ex. : *Dubito venturus* NE *sit,* (ou) NUM *venturus sit.* — *Dubito* UTRUM *vivus sit* AN *mortuus.* — *Non dubito* QUIN *veniat.* — *Quis dubitat* QUIN *veniat?* QUIN *venturus sit?*

NOTA. Comme la locution *je ne doute pas*, revient à dire *je crois*, et que le verbe *croire* gouverne la proposition infinitive, *non dubito* peut également, par analogie, se construire avec l'infinitif :

Ex. : *Non dubito eum esse venturum.*

8° Les verbes *refert, interest, pertinet* (il importe), veulent après eux la proposition infinitive.

---

(1) Se rappeler que la particule française *ne*, employée *seule* après ces verbes, ne marque pas une négation.

Ex. : *Ad disciplinam interest insuescere militem Romanum pati tædium.* (*Conc.*, p. 30.)

S'ils sont accompagnés d'une négation ou d'une interrogation, et qu'ils marquent une alternative, on prend la tournure de l'interrogation double :

Nihil meâ refert, quid meâ refert, utrum dives sim an pauper.

9° *Mériter, être digne de, ne pas mériter, être indigne de,* peuvent se rendre par *sum dignus, non sum dignus, sum indignus,* et prennent après eux la conjonction *ut* et le subjonctif, ou le relatif *qui, quæ, quod,* à condition qu'il y ait dans la proposition qu'ils régissent un pronom personnel qui se rapporte au sujet du verbe *mériter.*

Ex. : *Digni estis, qui pauci pluribus opem tuleritis.* (*Conc.*, p. 83, l. 5.)
Quum indigni ut à vobis redimeremur visi sumus. (*Conc.*, p. 139, l. 73.)

NOTA. L'exemple donné par certaines grammaires : *dignus es ut sic agam,* où le sujet de *dignus es* ne figure pas dans la seconde proposition, paraît contraire à la langue latine.

Deux observations sont nécessaires ici : 1° Les substantifs et les adjectifs gouvernent, dans certains cas, les mêmes propositions subordonnées que les verbes dont ils dérivent :

Ex. : *Hanc iniquitatem conditionis subimus* ILLA SPE *judicis animo te* AUDITURUM ESSE (*Conc.*, p. 287, l. 8) : Nous nous soumettons à ce que cette situation a de fâcheux pour nous, *dans l'espoir que tu nous écouteras* avec l'impartialité d'un juge. *Spe* avec la proposition infinitive comme le verbe *spero.*

Incertus utrum Pompeius an Sertorius vicerit... *Incertus* avec l'interrogation double, comme le verbe *dubito.*

CONJONCTIONS RÉGIES PAR UN VERBE.

2° Lorsqu'une première proposition en régit une seconde, dont le verbe doit être au mode subjonctif, le choix du *temps* est loin d'être indifférent :

Si le second verbe marque une action *présente* ou *future* par rapport au premier, mettez le *présent* ou l'*imparfait* du subjonctif : le *présent*, quand le premier verbe est au *présent* ou au *futur*; l'*imparfait*, si le premier verbe est à *un temps passé quelconque :*

Ex. : Timeo *ne* ægrotes. — Timui *ne* ægrotares. Exspecto *dum* veniat. — Exspectaveram *dum* veniret. (Je crains que *tu ne sois* malade. — J'ai craint que *tu ne fusses* malade. — J'attends qu'*il vienne*. — J'avais attendu qu'*il vînt*.)

On dira selon la même règle : Spero *fore ut* veniat. — Sperabam *fore ut* veniret. (*Spero* au présent ; *veniat* au présent. — *Sperabam*, temps passé ; *veniret* à l'imparfait.)

Si le second verbe marque une action *passée* par rapport au premier, ou *future* par rapport au premier et *passée* par rapport à *une autre proposition*, à *une autre idée de temps* exprimée ou sous-entendue, mettez le *parfait* ou le *plus-que-parfait* du subjonctif : le *parfait*, si le premier verbe est au *présent* ou au *futur* ; le *plus-que-parfait*, si le premier verbe est à *un temps passé quelconque*.

Ex. : Timeo *ne* ægrotaverit. — Timui *ne* ægrotavisset. Exspecto *dum* venerit. — Exspectaveram *dum* advenisset. Je crains qu'*il n'ait été* malade. — J'ai craint qu'*il n'eût été* malade. — J'attends qu'*il soit venu*. — J'avais attendu qu'*il fût venu*.

On dira par analogie et conformément à la première des deux règles : Spero *futurum fuisse ut* veniat. — Speravi *futurum fuisse ut* veniret; ou conformément à la seconde règle : Spero *fore ut* veniret, speravi *fore ut* venisset. (*Spero*, présent, d'où *veniat*. — *Speravi*, passé, d'où *veniret*. — *Spero*, présent, d'où *venerit*, pour marquer avec *fore* le futur passé. — *Speravi*, passé, d'où *venisset*, pour marquer avec *fore* le même futur passé.) (1).

Nota : Si la proposition incidente n'est pas *le complément direct* de la principale, — ou bien, — si la proposition principale ne contient pas l'idée *d'une intention, d'un but particulier* expressément énoncé par l'incidente ; en d'autres termes : si le second verbe marque seulement *un effet, un résultat*, non prévu ni prémédité par le sujet du premier, les deux règles précitées ne s'observent plus ; mais on laisse *le présent* ou le *passé* même après un premier verbe au *parfait*, et on n'emploie *l'imparfait* au lieu du présent, et le *plus-que-parfait* à la place du parfait, que si le premier verbe est lui-même à *l'imparfait* ou au *plus-que-parfait*.

Ex. : Je vous *ai rendu* (temps passé) d'assez grands services pour que vous m'en *soyez* reconnaissant.

Je vous *rendais*, je vous *avais rendu* d'assez grands services pour que vous m'en *fussiez* reconnaissant ; — ou, (s'il s'agit d'un fait passé), pour que vous *eussiez dû* m'en être reconnaissant.

Exemple du *Conciones* : Scipion, à la fin de son discours contre Fabius Maxime, (*Conc.*, 204) dit : « *Ita et vixi et res gessi, ut tacitus eâ opinione quam vestrâ sponte conceptam animis* HABERETIS, *facile contentus* ESSEM. » ce qui signifie : « *J'ai* voulu, (*il entrait dans ma pensée*), *en vivant, en agissant de la façon dont j'ai vécu et agi, pouvoir me contenter, sans rien dire pour me faire valoir, de l'opinion que vous* AURIEZ CONÇUE *de moi par vous-mêmes.* » — *Haberetis* et *essem* parce qu'il s'agit d'un *but* que se proposait Scipion.

Mais, conformément à la distinction que nous avons établie, il eût pu dire : *Ita et vixi et res gessi ut tacitus eâ opinione quam vestra sponte conceptam animis* HABETIS, *facile* CONTENTUS SIM ; ce qui signifierait : Telle est la façon

---

(1) Voir pages 39 et 40 l'explication de la forme *futurum est ut, fore ut*.

dont j'ai vécu, dont j'ai agi, que *maintenant, désormais, je puis* me contenter de l'opinion que *vous avez conçue*... etc. La seconde proposition est encore une conséquence de la première; mais elle exprime *un fait désormais acquis*, et non *une idée qui fût présente à l'esprit de Scipion*, tandis qu'il vivait de telle ou telle façon. L'incidente n'est donc plus inséparable de la principale ; voilà pourquoi le présent (*sim*) ne s'est pas changé en imparfait.

Conjonctions régies par d'autres mots que des verbes.

§ XXXIX. — En dehors des verbes, certaines tournures de phrases françaises et latines amènent naturellement après elles l'emploi de telle ou telle conjonction. On peut en noter trois principales en français :

1° *Tel* (au sens exclamatif) ; *de telle nature, de telle sorte ; si* (suivi d'un adjectif et d'un adverbe) ; *tant ; tellement ;* 2° *assez pour ;* 3° *trop pour.*

1° *Tel, si, tellement, tant, de telle sorte*, suivis de *que*, et rendus, selon le mot sur lequel ils retombent, par *is*, synonyme de *talis*, par *tantus, tot, tanti, sic, ita*, etc., suivis de *ut*, à condition qu'ils n'expriment pas une simple comparaison. (V. p. 74, 4° ; note au bas de la page.)

— EA *esse debet liberalitas*, UT *nemini noceat ;* Telle doit être la libéralité *qu'elle ne nuise*...

Non sum IS QUI *non existimem admonendos duces esse.* (*Conc.*, p. 316, l. 24) : Je ne suis pas homme à croire qu'il ne faille point avertir les généraux ; m. à m. je ne suis pas tel que je croie qu'il ne faille pas, etc. *Is qui*, pour *talis ut ego*. (V. ch. VIII, § XXXI : des trois sens du relatif latin.)

TOT *plagas accepit* UT *mortuus sit.*

Servi, ITA UT *pretium pro iis bello perfecto dominis solveretur, emebantur* (*Conc.*, p. 240, l. 1) : On achetait des esclaves *sous condition de* n'en payer le prix à leurs maîtres qu'après la fin de la guerre. M. à m. *de telle sorte, que le prix en fût acquitté,* etc.

Cet exemple montre que *ita... ut* a quelquefois un sens *restrictif.*

Autre exemple non moins frappant : *Equites romani vobis* ITA *summam ordinis consiliique concedant,* UT *vobiscum de amore reipublicæ certent* (Cic.). *Ita ut,* avec cette restriction que.

TAM *pauper mortuus est Aristides,* ut, *qui efferretur, vix reliquerit,* etc., etc.

2° *Assez pour* peut *toujours* se tourner par *tellement que* dans les propositions *interrogatives* et *négatives.* Dans les *affirmatives,* si l'ont veut user de la même tournure, il suffit de mettre au mode infinitif le verbe qui dépend de la préposition *pour,* en le faisant précéder, selon le sens, du verbe *pouvoir* ou *devoir* au mode subjonctif.

Ex. : *Estne tibi tantum otii ut etiam fabulas legas?* — *Non sum tam insolens qui regem me esse putem.* (*Qui,* pour *ut ego.*) — *Inest in me tantum fortitudinis ut pro patriâ mori* POSSIM.

NOTA. On peut dire aussi *satis ut* et *satis ad.* C'est quand *satis* est déterminé par un nom génitif. Ex. : Nondum statuo te *virium satis* habere, *ut* ego tecum luctari debeam (Cic.). — Hic tibi dies *satis documenti* dederit, *ut* pati legitima imperia possis (T. Liv.). Avoir *assez de temps pour parler : satis temporis* habere *ad dicendum.*

3° *Trop pour que.* — *Trop peu pour... que.*

Tournez en latin par *plus* ou *moins qu'il ne faut pour... que.* Mais *il ne faut ne* se rend pas :

PLUS VENENI *hausit* QUAM UT *sanitati restituatur.*

MAJOR *sum* QUAM CUI *fortuna noceat.*

PAUCIORES *habebat milites* QUAM UT *vinceret.*

NOTA. Quand *assez pour* et *trop pour* sont suivis d'un substantif, *pour* se rend par *ut* ou *pro. Ut,* en ce cas, signifie *comme,* et *pro : eu égard à, conformément à.*

In eo erant multæ, UT IN HOMINE ROMANO, *litteræ.* — *Erat,* UT ILLIS TEMPORIBUS, *satis eruditus.* — *Majus con-*

silium quam PRO *ætate ejus :* Un dessein *plus grand que eu égard* à son âge.

Mais d'autre part, en latin, les démonstratifs *is, ea, id; hic, hæc, hoc; iste, ista, istud; ille, illa, illud;* et les adverbes qui leur correspondent, *ideo, idcirco, sic, ita,* etc., prennent élégamment place *dans une proposition principale* pour annoncer *une proposition subordonnée,* soit une *proposition infinitive,* soit une proposition *régie par une conjonction.* Ils ne jouent pas alors d'autre rôle que celui *d'avant-coureurs,* s'il est permis de parler ainsi, et n'expriment point une idée qui puisse se séparer de la proposition subordonnée qu'ils précèdent. On ne saurait trop remarquer cette tournure ; car elle est des plus fréquentes, et la méconnaître serait s'exposer à faire de nombreux contre-sens.

> Ex. : Hoc *vos scire,* Æquos *ad mœnia urbis impune* venisse. Vous savoir *ceci, à savoir que les Eques sont venus* impunément jusque sous les murs de Rome. En français : Faut-il que vous sachiez que les Eques sont venus ? — *Hoc* a pu se supprimer sans inconvénient.

Illa *longa oratio sit,* si *meam verbis gloriam extollere velim. Ce* serait un discours superflu, *de* vouloir, etc.

Sic *senem se perfunctum honoribus... posuit,* tanquam... etc. *Ainsi* s'est-il posé en vieillard qui a parcouru toute la carrière des honneurs, *comme si.* Ou, en supprimant *sic :* il s'est posé en vieillard... *comme si,* etc.

Ideo *non est dimicatum,* quod *quæ pars firmior, eadem modestior fuit : Pour cette raison* on n'a pas combattu, *parce que...* Si l'on n'a pas combattu, *c'est parce que* le parti le plus fort a été aussi le plus modéré. (V. ch. VII, § xxx.)

Illud *nec tibi in me, neu mihi in minoribus natu animi sit,* ut *nolimus quemquam nostri esse similem :* N'ayons pas, toi à mon égard, moi à l'égard de ceux qui sont plus jeunes que moi, *cette disposition,* des dispositions *telles, que* nous ne voulions pas que personne devienne notre égal.

Nec vero ILLA *parva vis est rationis* QUOD *unum hoc animal sentit quis sit ordo.* Ce n'est pas un faible privilége de la raison, *que* l'homme seul ait l'idée de l'ordre.

Parmi ces conjonctions, *ut* et *quod* traduisent également la conjonction *que*. Seulement, *ut* s'emploie pour annoncer un *but*, un *effet*, ou une *nécessité*, ou une *convenance;* et *quod* pour énoncer un *fait*.

In EO *hominis dignitas posita est,* QUOD *ratione utitur :* La dignité de l'homme consiste *en ce qu'il est doué de raison*. — *Ut ratione utatur*, signifierait *consiste* A SE SERVIR *de sa raison; en ceci, savoir, qu'il* SE SERVE *de sa raison*. (C'est pour lui une convenance, une obligation.)

Conjonctions employées seules.

§ XL. Observation préliminaire : L'indicatif est le mode de *l'affirmation absolue, du défini, du déterminé;* il énonce *ce qui est;* le subjonctif est le mode *du doute, de l'indétermination*, et de *la subordination;* il énonce *ce qui peut être, ce qui se fait ou se fera à de certaines conditions, ce qui n'est pas présentement.* L'emploi du mode dépend donc avant tout de la pensée. De quelques conjonctions que se servent les Latins, on s'expliquera toujours aisément, par la fonction respective de l'indicatif et du subjonctif, le mode dont ils les ont fait suivre. Ainsi, pourquoi la locution *fuit tempus quum* régit-elle le subjonctif? C'est que le temps est *indéterminé. Fuit tempus quum felix essem*, il y eut *un temps* où j'étais heureux. *Fuit tempus quum felix eram* voudrait dire : il est passé, *le temps* où j'étais heureux. — Pourquoi *priusquam* gouverne-t-il le subjonctif et *postquam* l'indicatif? C'est que, d'une part, tant qu'une action n'est pas faite, on peut douter à la rigueur qu'elle se fasse; et que, d'autre part, quand elle est accomplie, le doute est impossible. — Pourquoi *quasi, perinde ac si,* etc., veulent-ils le subjonctif? C'est que le verbe qu'ils régissent exprime *quelque chose qui n'est pas. Fles, quasi sim æger :* Vous pleurez comme si j'étais malade (ce qui n'est pas). En revanche, pourquoi *quanquam* prend-il *généralement* l'indicatif? Parce que le verbe qu'il régit exprime généralement un fait réel : *Quanquam nullum scelus rationem habet.* C'est un fait réel, une vérité absolue que *nul crime ne se peut justifier. Quamvis* et *licet* devraient donc, dira-t-on, gouverner aussi l'indicatif? S'ils veulent l'autre mode, c'est qu'en réalité on peut les assimiler à deux verbes régissant le subjonctif, et traduire *licet* par : *il est possible que ;* et *quamvis* par : *en quelque quantité que tu veuilles : quam, quantum vis* (2ᵉ pers. de *volo*).

Entrons maintenant dans les détails :

Conjonctions et modes qu'elles régissent.

I° CONJONCTIONS RÉGISSANT L'INDICATIF.

1° *Quanquam*, quoique ; — 2° *Quia*, parce que ; *quòd*, de ce que ; *quoniam*, puisque ; — 3° *quando*, lorsque, puisque ; *postquam, posteaquam*, après que ; *ubi, simul ac* (ou) *simul*, lorsque, aussitôt que.

(Voir au chapitre sur les *propositions subordonnées complétives* dans quel cas ces conjonctions veulent le subjonctif.)

II° CONJONCTIONS RÉGISSANT LE SUBJONCTIF.

1° *Quasi, perinde ac si, tanquam, tanquam si, velut, velut si, ceu*, comme si ; — 2° *quamvis, licet*, quoique, quand même, supposé que ; — 3° *Antequam, priusquam* (1). — On y rattache les locutions suivantes : 1° *Est quod, causa est cur, quid habes quod*, etc., il y a lieu de, qu'as-tu à..., etc. — 2°. *Sunt qui, videre est, videas qui, reperire est, reperias qui ;* on voit des gens qui ; — 3° *quotusquisque est qui*, combien y a-t-il de gens qui... (pour dire qu'il y en a peu) ; — 4° *fuit tempus quum*, il y eut un temps où...

---

(1) Les Latins qui mettent autant qu'ils peuvent à *l'indicatif* tout verbe qui exprime *un fait*, ont employé quelquefois ce mode

III° Conjonctions régissant tour a tour les deux modes.

Dum
- *Pendant que, aussi long-temps que, tant que* . . . . Indic.
- *Jusqu'à ce que* . . . . Subj.
- *Pourvu que* . . . . Subj.

Observations.

1° *Dum*, dans ses deux premiers sens, a souvent pour synonymes *donec* et *quoad*.

2° La négation après *dum, pourvu que*, se rend bien par *ne* au lieu de *non*.

3° *Nedum* est pour *ne tum*, et n'a aucun rapport avec *dum*. Il signifie *loin que*, et se place toujours après la proposition à laquelle il est opposé.

Quum
- *Lorsque, quand, pendant que, au moment où* . . . . Indic.
- *Comme, puisque, vu que, considérant que*. Subj.
- *Quoique, en admettant que, (sens plus rare)*. . . . . Subj.

Observation. *Quum*, marquant le temps, peut gouverner le mode *subjonctif*, à l'*imparfait* et au *plus-que-parfait*.

Ut
- *Lorsque, quand, aussitôt que, dès que*. . Indic.
- *Comme (comparaison), de même que, ainsi que*. . . . . Indic.
- *Comme (manière), selon que, conformément à ce que; — à mesure que, à proportion que*. . . . . Indic.
- *Que (subordonné), tellement que, de telle sorte que* . . . . Subj.
- *Supposé que, en admettant que, quoique, quand même*. . . . . Subj.
- *Afin que, pour que, dans l'intention de* . Subj.

Observation. *Ut, afin que*, suivi d'un comparatif, se

avec *quamvis, antequam* et *priusquam*. — Quamvis et voce paternâ *fingeris* (Horace.) Antequam de Siciliâ *dico* (Cicéron.) Ces exemples ne sont pas à imiter.

change élégamment en *quo* pour *ut eo; quo sapientior fias*, pour : UT EO *sapientior fias*.

SI
- *Quand, lorsque, toutes les fois que*. . . Indic.
- *Puisque, puisque c'est un fait que*. . . Indic.
- *S'il est vrai que, si c'est un fait certain que, si, comme vous le dites* . . . . Indic.
- *Si, (comme je le crois); si (comme cela est possible)* . . . . Indic.
- *S'il arrive que, s'il arrivait que* . . . Subj.
- *A condition que, pourvu que* . . . . Subj.
- *Quand même, en supposant que* . . . Subj.
- *Si (ce qui n'est pas), — (ce qui n'est pas possible)*. . . . . Subj.

Observation. Quand le verbe de la proposition principale est au futur, le verbe de la conjonction *si* se met au futur, ou même au présent de l'indicatif.

Composés de *si*, suivant les mêmes règles. *Etsi, etiamsi, tametsi*, quoique, quand même;

Sive, seu, vel si, soit que, ou si; *sin*, mais si, si au contraire,…; *Nisi*, à moins que, si… ne… pas…

Exemples justificatifs du tableau qui précède. (*On s'est borné aux cas les plus frappants.*)

DUM. DUM NE *pœniteat adhùc aliorum speciosiora primo adspectu consilia semper visa*… (Pourvu que je ne souffre point de ce que les desseins des autres aient toujours semblé, à première vue, plus brillants que les miens…) *Conc.*, p. 193, l. 15. — *Dum ne* pour *dum non*.

Peribis, NEDUM *fugias*, etc.

QUUM. QUUM *captivis redemptio* NEGABATUR, *nos vulgo homines laudabant*. Quand on refusait, *au moment où* l'on refusait aux prisonniers d'Annibal la faveur de les racheter; on nous louait nous-mêmes… (Rapport de *temps*).

QUUM *pater patruusque meus interfecti* ESSENT… Quand mon père et mon oncle, *puisque* mon père et mon oncle avaient été tués. (Rapport de *subordination*, de la *cause à l'effet*.)

Druentia, QUUM *aquæ vim* VEHAT *ingentem, non tamen navium patiens est.* La Durance, quoiqu'elle roule une immense quantité d'eau, n'est pas pourtant navigable. (Rapport de *subordination* par *opposition.*) Etc.

UT. UT VIDI, UT PERII, UT *me malus* ABSTULIT *error.* (Virg.)

UT *est natura hominum.* Conformément à la nature humaine.

Nec, UT SIM *miserrima, diu futura sum. A supposer que* je sois la plus malheureuse des femmes, du moins je ne le serai pas longtemps, etc.

SI. *Stomachabatur senex,* SI (quand) *quid asperius* DIXERAM. (Circonstance nettement déterminée.)

SI *hoc ità fato datum* ERAT... *Puisque* le destin avait décidé... (Expression d'un fait incontestable.)

Oportuit autem, Perseu, SI *proditor ego patris regnique eram... S'il est vrai, comme tu le prétends,* que j'étais traître à mon père et au royaume.

Memoria augetur SI *eam* EXERCEAS (... à condition qu'on l'exerce.)

SI *duriores esse* VELITIS. *A supposer que* vous vouliez pencher du côté de la sévérité.

SI *juvenis regnum* ACCEPISSES. *Si, ce qui n'est pas,* tu avais reçu le pouvoir dès ta jeunesse, etc., etc.

ETSI *ægrotas;* quoique vous soyez malade (ce que je reconnais.) — ETSI *ingenium meum non* MONERET; quand même, *ce qui n'est pas,* mon caractère ne m'y porterait pas.

NISI *putas;* à moins que tu ne croies, *ce qui est possible.* — *Memoria minuitur,* NISI *eam* EXERCEAS (*ce qui peut ne pas arriver*).

QUATRIÈME PARTIE.

CHAPITRE XIII

DES PROPOSITIONS SUBORDONNÉES COMPLÉTIVES.

§ XLI. L'influence toute particulière de la proposition subordonnée complétive se manifeste, comme on l'a dit au début, dans l'emploi de l'adjectif possessif *suus, sua, suum;* du pronom personnel *sui, sibi, se;* enfin du mode *subjonctif* (1).

Règles de l'emploi de *SUUS, SUA, SUUM.*

On rend l'adjectif possessif français par *suus, sua, suum;*

1° Quand le possesseur et l'objet possédé (c'est-à-dire le nom accompagné de *son, sa, ses*) sont dans la même proposition, *à quelque cas qu'ils soient employés* l'un et l'autre.

Ex. : Quæ mater suos liberos *non amat?* — Sua victo bona *victor restituit.* — Sua Cæsarem ambitio *perdidit.*

2° Quand le possesseur est le sujet d'une proposition principale, et que l'objet possédé est dans une proposition subordonnée complétive qui dépende rigoureusement de cette principale :

Ex. : Colophonii *dicunt Homerum* suum *esse civem.*
Constat Aristidem *oravisse Deos ut* suis *civibus ingratis parcerent.*

Remarquez que la proposition infinitive *Aristidem*, etc.,

---

(1) Voir chap. I, § II, sur la proposit. subordonn. complétive.

qui est subordonnée à *constat*, est en même temps principale par rapport à la proposition suivante : *ut suis civibus*, etc.; de là, *suis;* car cette dernière est absolument inséparable du verbe *oravisse* auquel elle donne le complément qui lui est nécessaire. Et notez, à cette occasion, qu'on peut et même qu'on doit considérer comme une proposition principale non-seulement celle qui commence une période ou phrase quelconque, mais *toute proposition dont une autre dépend*.

Il importe donc beaucoup de s'exercer à reconnaître une proposition subordonnée *complétive* d'une *explicative*.

Nota. *Son, sa, ses* est quelquefois amphibologique en français :

Ex. : *César recommande à Labiénus de veiller sur son camp.*

Est-ce le camp de César ou celui de Labiénus? Les Latins évitent heureusement cette obscurité. Dans le premier cas, ils diraient : *Cæsar Labieno præcipit ut* IPSIUS *castris invigilet.* (*Ipsius* au cas indirect, pour rappeler le sujet de la proposition principale.) Dans le second, ils diraient : *ut* IPSE SUIS *castris invigilet* (rentrant ainsi dans la première des deux règles citées plus haut).

En dehors des deux cas qu'on vient d'indiquer, pour traduire l'adjectif *son, sa, ses,* on tourne par de *lui*, d'*elle*, d'*eux*, d'*elles;* et on emploie *ejus, eorum, earum,* ou plus rarement *illius, illorum, illarum.*

Ex. : *Te rogabo ut* EJUS *commodis inservias.* (*Ejus,* parce que le possesseur n'est pas dans la proposition.)

Dignus vere fuit T. Livius tot laudibus quibus illius nomen ornatum fuit. (*Illius,* parce que la subordonnée n'est pas complétive.

Tiberius Gracchus ejusque frater occisi sunt. (*Ejus,*

parce qu'il y a en réalité deux propositions : *Tibérius Gracchus fut tué, et son frère fut aussi tué* (1).

Patrem quidem diligo, non autem ejus filium. (Même règle.)

Règles sur l'emploi de *SUI, SIBI, SE.*

§ XLII. — On rend le pronom personnel par *sui, sibi, se :* 1° quand le pronom personnel et le terme qu'il représente sont dans la même proposition :

Ex. : Cæsar *ad* se *Labienum vocat.* — *Ratio et oratio conciliant inter* se homines;

2° Quand le pronom personnel est dans une proposition subordonnée complétive, et que le terme qu'il représente est sujet de la proposition principale qui régit cette complétive, ou l'auteur de l'action qu'exprime la proposition principale.

Ex. : Sylla *voluit* se *post mortem cremari.*
A Cæsare *invitor* (comme s'il y avait *me* Cæsar *invitat*) *ut* sibi *sim legatus.*
Annibal *Scipionem, eo ipso quod* adversus se *dux lectus esset, præstantem virum credebat.* — *Adversus se*, parce que la proposition subordonnée, *eo ipso quod*, dépend d'une proposition infinitive, à demi exprimée seulement (*Scipionem præstantem virum*), et qui est elle-même subordonnée complétive de la principale *Annibal credebat.* (Voir les préliminaires, où cet exemple même est longuement commenté.)

Constat Aristidem oravisse Deos ne se ulciscerentur. (Voir paragr. précédent, le même exemple avec *suis.*)

Nota. Le pronom personnel est quelquefois amphibologique en français :

---

(1) Voir chapitre VII, § xxx : *Début.*

Ex. : *César recommande à Labiénus de veiller* sur lui ? Sur *César ?* ou sur *Labiénus ?*

Les Latins disent dans le premier cas : *Cæsar Labieno præcipit ut* ipsi *invigilet*. (*Ipsi* au cas indirect pour rappeler le sujet de la proposition principale.) Dans le second, ils diraient : ...*ut* ipse sibi *invigilet* (et ils rentrent ainsi dans la première des deux règles citées plus haut.)

Dans tous les autres cas, le pronom personnel se rend par *is, ea, id*, ou *ille, illa, illud*.

Ex. : *Te rogabo ut* ei *inservias* : *Ei*, et non *sibi*, parce que le *terme représenté* n'est pas dans la proposition. — *Dignus vere fuit T. Livius honoribus qui* ei *habiti sunt. Ei*, parce que la proposition subordonnée n'est qu'*explicative*, et point *complétive*.

Règles sur la substitution du subjonctif latin à l'indicatif français.

§ XLIII. Lorsqu'une proposition subordonnée dépend d'une première subordonnée complétive, exprimée ou sous-entendue, son verbe se met au *subjonctif*, et voilà comment les relatifs et les conjonctions perdent en certains cas leur mode indicatif.

Toutefois, lorsque cette proposition subordonnée énonce un *fait réel*, une *chose qui est*, et dont l'existence ou la vérité est indiscutable, *indépendante de l'idée exprimée par la proposition principale*, le mode indicatif reprend ses droits :

Ex. : *Dici potest illos, qui Deum esse* negent, *insanos esse.* — *Negent*, parce que le sujet de cette proposition *qui...* dépend de *illos*, sujet d'une subordonnée complétive.

Nemo nescit Aristidem, quum exsulatum abiit, *civibus ingratis ignovisse.* L'incidente *quum abiit*, dépend d'une subordonnée complétive ; mais

SUBJONCT. LAT. SUBSTITUÉ A L'INDIC. FRANÇ.

comme elle exprime un fait certain et déterminé, son verbe est resté au mode indicatif.

Les discours indirects, en particulier, où les propositions principales sont des propositions infinitives qui dépendent, en réalité, d'un premier verbe sous-entendu (*dicit, dicunt, rogat, rogant*, etc.), fournissent des exemples frappants de cette substitution du subjonctif à l'indicatif.

Ex. : *Hoc illud esse* QUOD *æra militibus* SINT *constituta* (*Conc.*, [45 ; *sint* pour *sunt*), Voilà la *raison pour laquelle* une solde *a été établie*...

Militem romanum ne hiemis quidem spatio, QUÆ *omnium bellorum* SIT *quies, arma deponere* (*Conc.*, 45, *sit* pour *est*) : Le soldat romain ne dépose pas les armes, même pendant l'hiver, *qui met fin* à toutes les guerres...

Exemples où une première proposition subordonnée complétive est *à demi exprimée* seulement ou *sous-entendue*.

Socrates accusatus est QUOD CORRUMPERET *juventutem*. Ces deux propositions représentent les trois suivantes : 1° *Dicebatur ;* 2° *Socratem accusari ;* 3° *quod corrumperet juventutem.*

Quod dépend de la subordonnée complétive, *Socratem accusari*, renfermée dans *Socrates accusatus est ;* voilà pourquoi il régit le subjonctif. (Voir les préliminaires où cet exemple est commenté.)

Admones me ne omnia cum amico tuo communicem, quia non soleas ne ipse quidem id facere. (Sénèque.) *Admones me... quia* revient à 1° *dicis ;* 2° *me non omnia... communicare debere ;* 3° *quia non soleas*, etc. ; autrement dit : Sénèque exprime la pensée de son correspondant, et non la sienne propre. De là le subjonctif. (Voir également les préliminaires.)

CINQUIÈME PARTIE. — SUPPLÉMENT.
CHAPITRE XIV
1° Règles sur le discours indirect.

§ XLIV. — On peut distinguer, dans le discours indirect, 1° les *propositions principales*, c'est-à-dire, les *propositions infinitives* régies par un verbe sous-entendu dès le début, et celles qui, dans le discours direct, seraient au *mode impératif ;* 2° les *propositions incidentes*, annoncées par les *relatifs*, ou les *interrogatifs*, ou les *conjonctions*.

Dans les propositions dites principales, l'*indicatif* fait place à l'*infinitif*, dont le sujet se met à l'accusatif, et l'*impératif* fait place au *subjonctif*, employé toujours à la troisième personne du singulier ou du pluriel :

> Ex. : *Maximum, Romæ, præmium seditionum* ESSE. (*Conc.*, p. 34, l. 18.) (Au lieu de : *Maximum, Romæ, præmium* EST *seditionum*. A Rome, les plus grandes récompenses sont réservées aux séditions.)

REMINISCERENTUR *quam majestatem senatûs ipsi à patribus accepissent.* (*Conc.*, p. 34, l. 20.) (Au lieu de : REMINISCIMINI *quam majestatem senatûs ipsi...* ACCEPERITIS.) (Rappelez-vous en quel état vous avez reçu de vos pères la majesté du sénat.)

Pour traduire cet imparfait du subjonctif, il y a trois tournures principales en français : *il devait* ou *ils devaient ;* — *il pouvait*, ou *ils pouvaient ;* — *il n'avait qu'à*, ou *ils n'avaient qu'à*. Ainsi *reminiscerentur* se traduira tour à tour, selon le sens général du passage : *Ils devaient se rappeler*, ou *ils pouvaient se rappeler*, ou *ils n'avaient qu'à se rappeler*.

Si la *proposition principale* est *interrogative*, on peut mettre son verbe soit à l'*infinitif*, soit au *subjonctif*, conformément à la règle qui régit tous les *interrogatifs indirects* :

Ex. : Premier cas : *Quas quantasque res C. Canuleium* AGGRESSUM?

Deuxième cas : *Quidnam* ILLI, *consules dictatoresve*, FACTURI ESSENT. (Proposition principale sous-entendue : *Tribuni rogabant.*) (Qu'auraient-ils donc fait, ces gens-là, comme consuls ou comme dictateurs : *Illi facturi essent*, au lieu de *illos facturos esse*.

Aux propositions incidentes, les Latins substituent partout à l'*indicatif* français le *subjonctif*. — Cela tient à ce que ces propositions dépendent d'une première proposition qui est elle-même subordonnée complétive. (Voir le paragraphe précédent.)

2° Des mots qui lient entre elles les différentes parties d'un discours ou d'un paragraphe.

§ XLV. — On considère un discours ou un paragraphe comme un ensemble d'idées qui servent à commenter ou à prouver une pensée principale. *Avant tout* ou *d'abord; en outre; supposons que, supposez que; mais dira-t-on; mais peut-être, bref,* ou *enfin :* ces mots, et leurs synonymes, représentent assez fidèlement en français l'ordre qui préside le plus souvent à la succession des diverses pensées d'un même développement. Pour rendre ces expressions, les Latins avaient leurs locutions particulières :

Pour dire *d'abord*, ils avaient : *primo, premièrement; primum, premièrement, comme considération première, comme première raison; primum omnium, ante omnia, imprimis, avant tout :*

Ex. : PRIMUM OMNIUM, *de Numidiâ bonum habetote animum, Quirites.* (*Conc.*, p. 346, l. 18.)

Tibi vero nulla opportunior nostrâ amicitiâ : PRIMUM, *quod procul absumus, in quo offensæ minimum, gratia par ac si propè adessemus; dein...* etc. (*Conc.*, p. 347, l. 16.)

Pour dire *en outre*, ils avaient : *Insuper, præterea, tum.*

Dii immortales adsunt (in Samnites) propter toties petita fœdera, toties rupta. TUM (*si qua conjectura mentis divinæ est*), *nulli unquàm exercitui fuerunt infestiores quàm præsenti.* (*Conc.*, p. 111, l. 9.)

— Ad hoc, huc adde, huc adde quòd (indicatif), hùc accedit quòd (Indicatif).

Omnia agere inter invidos, occursantis, factiosos, opinione, Quirites, asperius est. AD HOC, *alii si deliquêre,* etc. (*Conc.*, p. 341, l. 1.)

Trebia, Trasimenus, Cannæ, quid aliud sunt, quàm monumenta occisorum exercituum consulumque romanorum. ADDE *defectionem Italiæ, Siciliæ, majoris partis Sardiniæ.* (*Conc.*, p. 175, l. 16.)

— Jam, jam verò : et maintenant.

Quid dulcius libero et ingenuo animo..., quàm videre plenam semper et frequentem domum suam concursu splendidissimorum hominum?... JAM VERO, *qui togatorum comitatus et egressus! quæ in publico species!* (Tacite, sur la profession d'avocat. Dial. des orateurs, ch. VI.)

— Quid? sed quid? Quid porro? Mais quoi? Et cette autre considération donc?

Præterquam quod et in Italiâ et in Africâ duos diversos exercitus alere ærarium non potest.... QUID? *periculi tandem quantum adeatur, quem fallit?* (*Conc.*, p. 196, l. 3.)

Cur ergo, quoniam græcas fabulas narrare vacat, non Agathoclem potius... refers? SED QUID? *ultro metum inferre hosti... quale est?* (*Conc.*, p. 202, l. 4.)

— Quid, quod : Que dire aussi de ce que?...

... QUID, QUOD *in Africâ quoque Mars communis belli erit?* (*Conc.*, p. 196, l. 12.)

Enfin, *imo, imo etiam, quin etiam :* bien plus, mieux que cela, ce n'est pas assez dire.

Hostem sopitum oportet fallatis, IMO *necesse est.* (*Conc.*, p. 83, l. 13.)

Imo veut même dire : *au contraire, bien loin de là,* et répond à une objection, comme le grec οὐδ' ἐγγύς.

Ex. : *At, non jus, sed injuriam deprecantur. Imo, ut... legem abrogetis.* (*Conc.*, 233.) (Mais, me dira-t-on, ce n'est pas contre le droit, c'est contre l'injustice que (les femmes) réclament. *Bien au contraire :* elles veulent que vous supprimiez la loi...)

Pour dire *supposons, supposez que*, ils employaient *fac* et l'*infinitif*, ou *fac ut*, avec le *subjonctif*, ou *ut* et le *subjonctif*, ou même le *subjonctif* seul :

Ex. : *Nec,* UT *sim miserrima, diu futura sum. — A supposer que je sois la plus malheureuse des femmes,* du moins je ne le serai pas longtemps. (*Conc.*, p. 15, l. 13.)

De me ipso taceo; temere potiusquam avide CREDIDERITIS. (*Conc.*, p. 187, l. 10.) (... *supposons, admettez que* vous m'ayez cru mort, plutôt en hommes légers... etc.)

Pour dire : *mais dira-t-on*, ils disaient : *at*, ou bien *at enim*, ou bien *dicet aliquis ;* et en répondant à l'objection ainsi énoncée, ils commençaient volontiers par *quid tandem?* locution propre à exprimer soit le dépit, l'impatience de l'orateur, soit une sorte d'ironie.

Ex. : AT ENIM *communis res per hæc loco est pejore...* QUID TANDEM? *privatæ res vestræ quo in statu sunt?* Mais, *dira-t-on*, c'est l'intérêt commun qui souffre de cette situation. *Mais enfin*, je vous prie, et vos affaires privées, où en sont-elles?

Pour dire : *mais peut-être*, ils avaient une tournure d'un effet assez vif, et qui consistait à s'adresser à soi-même une objection, en supposant dans l'auditeur, par une ironie plus ou moins accentuée, des pensées et des sentiments contraires à ceux qu'il doit avoir. C'est la locution *nisi, nisi forte.*

« NISI FORTE *nondum etiam vos dominationis eorum satietas tenet.* (*Conc.*, p. 338, l. 29.) *Mais peut-être* n'êtes-vous pas encore fatigués..., m. à m. *à moins que peut-être* vous ne soyez pas encore fatigués de leur tyrannie. (Il est trop clair que c'est le contraire qui est vrai.)

Second exemple : Nisi forte *hoc dicitis :* « *Quidquid patres faciunt, displicet, sive illud pro plebe, sive contra plebem est.* »

Pour dire *bref,* ils avaient *quid plura?* ou bien *ne multis ;* et pour dire *enfin,* ils avaient *denique* ou *postremo,* qu'il ne faut pas confondre avec *tandem, tandem aliquando,* ni *demum.*

Denique et *postremo* s'emploient après une énumération de plusieurs idées ou de plusieurs mots de même nature, l'énumération ne comprît-elle que deux termes.

Ex. : *Iis fides, decus, pietas, postremo honesta atque inhonesta omnia quæstui sunt.* (*Conc.*, p. 338, l. 3.)

Denique, utrum tandem populi Romani an vestrum summum imperium est? (*Conc.*, p. 41, l. 1.)

Postremo, en particulier, signifie quelquefois *à la fin,* par opposition à *primo :*

Ex. : *Hæc talia facinora impune suscepisse parum habuere ; itaque* postremo *leges, majestas vestra... hostibus tradita sunt.* (*Conc.*, p. 337, l. 16.) Il ne leur a pas suffi de commettre impunément de pareils attentats ; *à la fin,* ils ont vendu à l'ennemi les lois et votre majesté...

Tandem s'emploie pour signifier *enfin,* après une longue attente, et, en ce sens, il a souvent pour synonyme *aliquando,* ou *tandem aliquando,* surtout s'il s'agit de l'avenir.

Ex. : *Requiescat aliquando vexata tamdiu Italia.* (*Conc.*, p. 204, l. 4.)

Tandem accompagne aussi les interrogatifs pour leur donner plus de vivacité :

Utrum tandem *non credimus fieri posse...?* (*Conc.*, p. 38, l. 22.) — *Quid? periculi* tandem *quantum adeatur, quem fallit?* (*Conc.*, p. 196, l. 6.)

Enfin *demum* veut dire de préférence : *seulement ;* et *tum demum : seulement alors.*

Tamen ille consul DEMUM... « Cependant, c'est *seulement lorsqu'il eut été fait consul...* » (*Conc.*, p. 134, l. 18.)

Eadem velle atque eadem nolle, ea DEMUM *firma amicitia est.* (*Conc.*, p. 350, l. 1.)

TUM DEMUM *pacti sumus pretium, quo redempti dimitteremur.* (*Conc.*, p. 138, l. 12.)

3° De la construction des phrases.

§ XLVI. — Il ne suffit pas d'avoir des mots pour rendre sa pensée, il faut encore les disposer. On sait que la construction latine est différente de la construction française ; il y a donc un art de placer chaque terme à l'endroit qui lui convient le mieux, soit dans les phrases simples, soit dans les périodes.

Dans les phrases simples, mettez en général les mots *compléments* avant les mots dont *ils complètent l'idée ;* ou plutôt, placez au *début* et à la *fin* les mots les plus importants, et jetez au milieu, dans l'ordre prescrit par l'harmonie, *les mots accessoires.* Cela donne à la phrase entière une certaine unité, que les Latins ne goûtaient pas moins dans l'arrangement d'une proposition simple, que dans le développement d'une période, et même d'un paragraphe et de tout un discours :

> Ex. : *Cur* EGO *plebeios magistratus, cur Sicinium potentem pollentemque* VIDEO ? *Ego,* sujet, en tête ; — *video,* verbe, à la fin.
>
> — *At enim* NEMO *post reges exactos de plebe consul* FUIT. *Nemo,* sujet, en tête ; *fuit,* verbe ; — compléments au milieu.
>
> — DECEMVIROS *legibus scribendis intra decem hos annos et* CREAVIMUS ET E REPUBLICA SUSTULIMUS. *Decemviros,* complément direct et mot important, en tête ; verbes à la fin.

Dans les périodes, gardez-vous, sous prétexte de ne pas

imiter la construction française, et de tenir vos lecteurs en suspens jusqu'à la fin, d'enchevêtrer maladroitement les différentes propositions les unes dans les autres. Dans les périodes bien conduites, une proposition ne fait place à la suivante que lorsqu'elle est elle-même terminée; ou bien, si le mouvement des idées oblige l'écrivain à l'interrompre pour intercaler une incidente entre les deux parties séparées, la première moitié, fût-elle d'un seul mot, en a dit assez pour que la seconde puisse se rejeter sans nuire à la clarté générale. Soit cette idée : *La ville est entourée d'immenses travaux qui enferment l'ennemi dans ses murs :* Tite Live l'a ainsi traduite, *en séparant les deux propositions :* « Operibus ingentibus septa urbs est, quibus intra muros coercetur hostis. » Voyez qu'il n'a pas même pris la peine d'intercaler la propos. incid. : *quibus intra muros...*, entre *operibus ingentibus*, et *septa urbs est*. Et pourtant il l'aurait pu faire sans obscurcir sa pensée. Qui n'eût saisi aisément cette construction. « Operibus ingentibus, quibus intra muros coercetur hostis, septa urbs est? »

Soit, au contraire, cette autre idée : « Qui garantira que les Etruques, si on remet la guerre, conserveront les mêmes dispositions ? » On aura en latin, comme en français, l'incidente intercalée naturellement entre le début et la fin de la principale : « *Quis est qui spondeat eumdem, si differtur bellum, Etruscis animum postea fore?* »

Ainsi chaque membre de phrase nouveau explique ce qui précède, au lieu de le compliquer, et l'éclaire au lieu de l'obscurcir; la lumière se fait au fur et à mesure qu'on avance; le lecteur n'est point tiraillé entre les parties de l'idée déjà exprimées, et celles qui ne le sont pas encore; il sent, à chaque incise, qu'il a fait un pas, et quand il touche à la fin, il a, pour ainsi dire, prononcé d'avance le mot gardé pour le dernier.

Les exemples, en pareille matière, valent mieux d'ailleurs que les préceptes; en voici quelques-uns empruntés au *Conciones ;* qu'on les lise en cherchant à se rendre compte de la place de chaque mot et l'on sera suffisamment édifié sur ce sujet.

Phrases simples :

HOSTIS *hostem occidere* VOLUI. (*Conc*. 11.) — Sujet exprimant une idée importante : *hostis*. — *Volui*, verbe principal, gardé pour la fin.

NEC UNUS *in te ego hos animos* GESSI ; LONGUS *post me* ORDO EST *idem petentium decus*. (Idem.) — *Nec unus*, idée importante ; *gessi*, verbe principal. — *Longus*, opposé à *nec unus*, et commençant, pour cette raison, la 2° proposition.

LICUIT *victricem classem in Africam* TRAJICERE, *atque intra paucos dies sine ullo certamine Carthaginem* DELERE. Notez tous les compléments de toutes les sortes renfermés entre *licuit* et *trajicere* d'une part, entre *atque* et *delere* d'autre part.

Période à deux membres : UT VIGINTI ANNORUM MILITIAM VESTRAM *cum illa virtute, cum illa fortuna* TACEAM ; AB HERCULIS COLUMNIS, *ab Oceano terminisque ultimis terrarum, per tot ferocissimos Hispaniæ et Galliæ populos*, VINCENTES HUC PERVENISTIS. (*Conc*., 126.) — Première partie : Encore *taceam* rejeté à la fin. — Seconde partie : Remarquez comme la période suit la marche même de l'armée d'Annibal.

Période à trois membres : SI VIDEATIS *catenas, squalorem deformitatemque* CIVIUM VESTRORUM, *non minus profecto vos ea species* MOVEAT, *quam si ex altera parte cernatis stratas Cannensibus campis* LEGIONES VESTRAS. (*Conc*., 139.) Remarquez *civium vestrorum* terminant la première proposition, comme *legiones vestras*, la troisième, et cette heureuse manière de commencer la période par ce beau mouvement : *Si videatis*. — Reculez le verbe, tout l'effet est détruit.

Période à six membres : SI AUT PACEM *in Italia*, AUT BELLUM *cum eo hoste* HABEREMUS, *in quo negligentiæ laxior locus* ESSET ; QUI *vestris studiis*, QUÆ *in campum*, AD MANDANDOS *quibus velitis* HONORES, *affertis, moram ullam* OF-

FERRET, *is mihi parum meminisse videretur vestræ libertatis.* (*Conc.*, 154.)

Remarquez en particulier, dans cette période, les trois relatifs *qui, quæ* et *quibus;* observez comment *quibus velitis* est enclavé entre *mandandos* et *honores* dont il est le complément; comment à son tour *quæ* et son verbe *affertis* enferment entre eux, comme entre deux limites extrêmes, tous les autres éléments de l'idée secondaire qu'ils sont chargés d'exprimer ; — même observation sur *qui... offerret.* Ne diriez-vous pas trois cercles dont le plus grand enveloppe les deux autres, comme le second enveloppe le plus petit ?

Dernier exemple, plus remarquable encore, de l'art avec lequel se déroule, sans obscurité ni contrainte, une ample période latine à sept membres : 1° *Quid igitur minus conveniat, milites, quam;* — 2° *Quum aliæ super alias clades* CUMULARENTUR ; — 3° *Ac Dii prope ipsi cum Annibale* STARENT; — 4° VOS HIC *cum parentibus* MEIS ; — 5° (ÆQUENTUR *enim etiam honore nominis.*) — Remarquez la place de la parenthèse et le mot *æquentur* mis immédiatement après l'expression *parentibus meis* dont il fallait justifier l'emploi) ; — fin du 4° membre : *Sustinuisse labantem fortunam populi romani;* — 6° NUNC EOSDEM ; — 7° *Quia* ILLIC *omnia secunda lætaque sunt;* — fin du 6° membre : ANIMIS DEFICERE?

4° **De certaines locutions du Conciones.**

§ XLVII. — Nous avons cru bon, pour clore ce travail, de signaler les expressions du *Conciones* qui nous ont paru les plus dignes de remarque, soit parce qu'elles s'écartent des habitudes de la langue française, soit parce qu'elles reviennent fréquemment sous la plume de Tite Live, de Salluste et de Tacite. En les étudiant, les élèves s'éclaireront sur le sens particulier qu'il convient d'attacher *en certains cas* à chacune d'elles, ce qui n'est pas déjà d'un si médiocre avantage; de plus, ils feront provision d'un certain nombre de tournures et de locutions propres à donner au style de leurs discours une physionomie quelque peu latine. Il va sans dire que ce tableau, forcément arbitraire et incomplet, ne dispense pas de connaître la liste des idiotismes dressés par Burnouf à la fin de sa grammaire, ni surtout de relire sans cesse le *Conciones,* qu'on peut appeler l'*alpha* et l'*oméga* de l'art oratoire pour l'élève de rhétorique.

A

1. *Æquus,* — égal, uni. Du premier sens sont sorties les expressions politiques *æqua libertas,* l'égalité dans la liberté; *æquare leges,* établir l'égalité des divers ordres de l'Etat devant les lois; *in æquo esse,* être sur le pied d'égalité. — Du second sens, est venu : *æquare solo,* renverser, niveler, détruire; *Solo æquare dictaturas consulatusque* (68).

2. *Affectus, a, um,* d'*afficio, ere,* frapper, accabler; *affecta respublica; affectæ res,* affaires en mauvais état.

3. *Alea,* — chance, risque, jeu de hasard — *in aleam ire,* courir la chance de : *quoniam in dubiam imperii servitiique aleam imus* (3).

4. *Anceps,* — à double face, douteux, indécis : *Ancipitem animum gerere inter...* partager son âme entre deux partis (6).

5. *Angustiæ,* — espace étroit et resserré; par métaphore, difficultés; *Temporis et juris inclusus angustiis* (155). (Embarrassé, tenu à la gêne par le temps et la loi.)

6. *Anima,* — le souffle vital, pour *vita,* très-fréquent.

7. *Animus,* — au singulier et au pluriel, très-souvent; les dispositions intérieures ou morales. De là, *animatus,* animé de telles ou telles dispositions : *quemadmodum Locrenses in vos animati sunt* (206).

8. *Antiquus,* — antique, passé de mode. De là, *antiquare legem,* abroger une loi.

9. *Argumentum,* — preuve, argument : d'où le verbe *prouver* rendu par la locution : *esse argumento* (54-61).

10. *Artes,* — les habitudes, les principes ou règles de conduites, les mœurs : *Romanæ artes,* les habitudes, les

6.

règles de conduite des Romains (53). *In optumis artibus ætatem agere* (341).

11. *Arx*, — hauteur, citadelle, d'où, par métaphore : un asile inviolable, le cœur, le fort, le point capital : *Arces libertatis tuendæ*, en parlant du *tribunat* et de *l'appel au peuple* (24). *Ubi Annibal est, ibi caput atque arx hujus belli est* (198). *In arcem tutam clari viri pervenient ubi*, etc... (287).

12. *Auctor*, — terme sans cesse employé pour signifier celui qui *conseille*, qui *propose*, qui donne *l'impulsion*, qui *produit* ou qui fait *naître*, qui se *porte garant* : *Auctor civitatis redimendæ* (101). *Patribus auctoribus* (38). *Dii centuriis, ut mihi imperium juberent dari, fuere auctores* (176). *Res tuas tibi reddent, auctore me* (9).

13. *Aures*, — *surdis auribus vana canere* (293) : parler à des sourds.

B

Bona malaque causæ, — les côtés forts ou faibles d'une cause (28) ; *hostium :* le côté fort et le côté faible de l'ennemi (202).

C

1. *Cessare*, — être oisif, faire faute, manquer, trahir l'occasion (54).

2. *Cicatrix*, — cicatrice ; par extension, trace d'un mal passé : *Velut cicatrices servitutis deformes* (restes hideux d'une servitude ancienne) (289).

3. *Claudicare*, — boiter ; d'où clocher, marcher mal : *Si altera parte claudicet respublica* (134).

4. *Concoquere*, — faire cuire, d'où : mûrir, penser mûrement à : *concoquere consilia* (298) (agiter et mûrir des desseins).

5. *Confessio*, — aveu ; de là, l'expression suivante : *confessionem cedentis hostis ac detrectantis certamen pro victoria habui.* — *Victoriam hosti extorqueamus, confessionem erroris civibus* (121-132).

6. *Conflagrare*, — être atteint par l'effet d'une passion

étrangère comme par un incendie : *Conflagrare invidia Hieronymi.* (Être enveloppé dans la haine qu'excite Hiéronyme.) — *Si innocens sum, ne invidia conflagrem, quum crimine non possim, deprecor* (167-304).

7. *Consciscere (sibi),* — prononcer contre soi-même un arrêt, se condamner à... *Exsilium ac fugam sibi consciscere* (59), de là : *sibi consciscere mortem,* se donner la mort.

8. *Constat,* — terme consacré pour dire : il est constant ; c'est un fait reconnu ; on demeure d'accord que...

9. *Convenit,* — l'accord existe, il est conséquent... Souvent ce mot est suivi de deux idées entre lesquelles l'orateur établit un accord ou une contradiction. *Qui convenit in minore negotio legem observare, quum eam in majore neglexeris?* (357). (Comment n'est-il pas contradictoire d'observer la loi dans une question de moindre importance, lorsqu'on l'a négligée, etc.).

10. *Copia,* — *moyen de, facilité pour faire une chose : redimendi captivos copia — copia dimicandi. — Magna copia memorandi qui reges...* etc. (280-101-354).

11. *Corpora curare,* — prendre son repas (166-167). Cette même expression se retrouve dans Lucrèce et dans Virgile.

12. *Corrumpere,* gâter, flétrir. *Corrumpere gratiam meritorum* (Gâter le mérite de ce qu'on a fait) (212).

D

1. *Dare omen,* — donner lieu d'espérer. *Dare omen plebeio consuli* (70) (Faire espérer un consul plébéien).

2. *Deformatus, deformo, as.* — Mot d'un fort beau sens, applicable aux choses comme aux personnes. Flétri, dépouillé de sa grandeur, de son prestige. Le verbe a le même sens. *Deformata victoria — deformatus ærumnis. — Deformare multa bona uno vitio* (95-331-232).

3. *Differre,* avec *rumoribus,* ou *sermonibus,* assez rare. — Décrier (249).

4. *In discrimen unius horæ dare.* — Jouer sur un coup de dés (217).

5. *Documentum*. — Leçon, enseignement, preuve; d'où, *prouver, éclairer*, rendu fréquemment par *documento esse* (56-156).

6. *Ducere in*, — prendre pour, tourner en; *ducere aliquem in cognati locum* (330). *Ducere alicujus modestiam in conscientiam* (334). Interpréter la modestie de quelqu'un comme un aveu secret de son infériorité.

7. *Dux*, guide, conducteur dans tous les sens : *Dux malæ rei* (34); *furoris* (186); *servitutis* (394).

E

1. *Elevare* (è, *levis*). — Rabaisser, amoindrir; *levare*, même sens (197-22).

2. *Elicere* (comparez *pellicere, allicere*) : — faire sortir, attirer dehors, faire jaillir, au propre et au figuré. *Patientia quam voluptas elicere solet* (51).

3. *Esse*. Locutions innombrables. *Est mihi liber*. — *Est mihi nomen Petrus* ou *Petro*. — *Victoria Romanorum fuit*. — *Hoc erit tibi dolori*. — *Est regis tueri suos*. — *Est meum, tuum, nostrum*. — *Hic liber est meus*. (Exemples tirés des Grammaires.) — *Esse in rem, è re, è republica*. (Il est de l'intérêt public. EST È REPUBLICA GENERIS HUMANI *aliquem invictum cupiditatibus esse*. Il est de l'intérêt du genre humain qu'il y ait quelque homme invincible à ses passions.) — *Esse pro*. — *Esse libertatis æquandæ, dissolvendæ tribunitiæ potestatis*. (Être fait pour établir l'égalité, pour détruire la puissance tribunitienne.) — Et, avec les adverbes : *esse frustra* (être impuissant), *impunè* (être impuni); *palam* (être manifeste); *præsto* (être présent, à la disposition de), etc., etc.

4. *Excusare*, — donner comme prétexte; *morbum* : s'excuser sur une indisposition (286).

5. *Exercere*, — user de, se livrer à. *Exercere gratiam aut inimicitias* (356).

6. *Exsudare*. — Sens actif. *Exsudare laborem* (50), accomplir au prix de ses sueurs un travail.

F

1. *Facere*. — Locutions innombrables : *facere stipendia*

(120), *verba* (122); *facere injuriam alicui* (139); *facere aliquem reducem in patriam* (141); *facere pretium operæ alicujus* (181) (apprécier ce dont quelqu'un est capable), *facere impetum* (288); etc., etc.

2. *Falsus*. — Trompé, abusé; *illi falsi sunt* (343). *Non ea res falsum me habuit* (328).

3. *Fides*. — Créance; *fidem facere :* imposer créance, faire croire que (165-178).

4. *Fingere verba*. — Forger des mensonges, en faire accroire (333).

5. *Fluens* — *Res nimio luxu fluentes*. Un État où le luxe est excessif (81).

6. *Fortuna*. — Quelquefois *bonne fortune*, *heureuse occasion de*. Comp. avec *copia* ; *fortuna delendi omnis exercitûs* (83). (Une heureuse occasion de détruire toute l'armée).

7. *Frequens*. — Appliqué aux personnes : en corps, en masse. *Matronæ frequentes... processerunt* (237).

8. *Fuga*. — Un échappatoire : *Fuga consulatûs*, moyen d'échapper au consulat (31).

G

Gratia. — *Gratiam facere* (*alicujus rei alicui*), faire grâce, faire remise à quelqu'un d'une chose ; ou bien, la lui accorder par complaisance (97-361).

H

1. *Habere*. — Locutions innombrables. *Habere senatum, concionem*, réunir le sénat, l'assemblée (23-58). — Avoir, tenir, suivi d'un participe ; *exploratum habeo ; habet captam urbem totam* (166-117). (On saisit dans cette tournure l'origine de la conjugaison française aux temps composés.) — Avoir à sa disposition pour... *habere noctem liberam ad* (140.) — Tenir pour, regarder comme ; sens très-connu. — Voir, comprendre ; *ut, quid speretis, habeatis* (167). — Avec un adverbe; ne pas se contenter de, *habere parum* (337); trouver suffisant : *Satis superque pœnarum habeo* (190). (Ce châtiment subi par vous, me

suffit et au delà.) — Être dans tel ou tel état, *habere bellum* (223), *habere minus negotii* (231). — Eprouver; *nullam in exercitu seditionem habere* (319). — Contenir, renfermer, et, par extension, concerner ; *qui tandem triumphus non communem nominis Romani gloriam habet?* (322), etc.

2. *Hærere, hærens.* — Expression très-énergique pour dire : être attaché à : — *Hærete affixi concionibus* — *hærentem in possessione Italiæ detrahere* (33-217).

I

1. *Importunus.* — Qui ne laisse ni paix ni trêve; cruel, tyrannique. *Importuni decemviri* (45) ; *importunissimi tyranni* (207) ; *quantum importunitatis habent* (239).

2. *Inconditus.* — Désordonné, confus ; d'où grossier, sauvage. *Inconditæ barbariæ rex* (214).

3. *Indictâ causâ*, sans jugement (m. à m. la cause n'ayant pas été plaidée).

4. *Infectus, a, um.* — *Esse pro infecto*, être non avenu, comme si rien n'eût été fait (108).

5. *Inficias ire.* — Synonyme élégant de *negare* (105).

6. *Ingruere.* — Mot d'un sens énergique, *fondre sur. Clades quæ in nos ingruerunt* (204).

7. *Injussu.* — Sans ordre, *injussu meo, injussu populi, imperatoris.*

8. *Integer.* Entier, non entamé; s'applique aux personnes comme aux choses les plus diverses : *gloria integra*, — *res integra*, question encore à juger, réservée tout entière ; — *bellum integrum*, guerre qui reste à faire tout entière, comme si l'on n'avait encore rien fait. — *Ab integro, de integro*, à nouveau, comme si rien n'était fait.

9. *Irritus.* — Nul, annulé, sans effet, dont il ne reste trace. *Quin tu omnia irrita facis?* (107.) *Auferat omnia irrita oblivio* (190), (que l'oubli emporte tout le passé sans qu'il en reste aucune trace).

J

1. *Justus.* — Régulier, complet. *Justus exercitus* (161).

Justæ stationes (166), postes au complet. — *Justi honores*, honneurs régulièrement conférés (107). — *Justa pugna* (243), combat régulier.

2. *Jactare.* — Proférer, avancer des choses non sérieuses, sans fondement : *hæc causa jactatur potiusquàm vera est* (59).

L

1. *Laboro*, — s'éclipser, même au sens figuré : *Veritatem laborare nimis sæpe aiunt, exstingui nunquam* (136).

2. *Luxurio.* — Être excessif, intempérant, hors de proportion avec la réalité des choses. *Ne hæc quoque lætitia luxuriet nobis* (149).

M

1. *Malè.* — Devant un verbe, indique qu'on a eu tort de faire l'action marquée par le verbe : *Malè credidit Antiochus Ætolis* (254).

2. *Mancus.* — Manchot, au figuré, faible, impuissant, accompagne volontiers *inermis* ou *debilis*. — *Inermes ac manci milites. Debilis ac manca virtus.*

3. *Manifestus.* — Convaincu : *Manifestus latro* (299).

4. *Manus.* — *In manu esse*, dépendre de : *Non mihi in manu fuit Jugurtha qualis foret* (230).

5. *Mars communis.* — Chances de guerre égales : *In Africâ Mars communis belli erit* (196).

6. *Materia.* — Matière, aliment, au propre et au figuré : *Hostis materia gloriæ; — materia crescendi.., suppeditans.* — *Subdere ignem ac materiam seditioni* (62-91-95).

7. *Melius.* — Suivi d'un verbe, répond à l'idée française : il vaut mieux, *melius peribimus quam...* Il vaut mieux pour nous périr que de... (1).

8. *Meritum.* — Ce que mérite quelqu'un. De là, à l'ablatif : *non nostro merito sumus incolumes.* — *Quod nullo nostro faciatis.* — *Nullo meo in se merito* (13, 39, 304).

9. *Moles.* — Poids, fardeau, amas, et effort, au propre et au figuré. *Totam molem belli sustinere; — unum in lo-*

cum tota periculi moles incubuit ; — *ingentem molem irarum ex alto animus ciens;* — *mediâ in mole pugnæ* (256, 181, 102, 81).

10. *Moliri.* — Se dit de toute action qui réclame de grands efforts, ou qui ne s'accomplit qu'avec peine et à contre-cœur : *Peregrina regna moliri*, conquérir à grand'peine un trône étranger. — *Molientem hinc Annibalem audietis.* Vous apprendrez qu'Annibal se met en mouvement, quoiqu'il lui en coûte, pour sortir d'Italie.

11. *Momentum.* — Le poids qui fait pencher un plateau de balance ; d'où, au figuré : influence suprême, raison ou considération décisive, mobile, stimulant, importance souveraine ; s'applique en ce sens aux personnes et aux choses et se rencontre à toutes les pages. *Juvenem... maximum momentum rerum civitatis* (18). (Voir même expression, pages 10, 100, 126, 202, etc.)

12. *Monumentum.* — Encore une belle expression aimée de Tite Live : *Trebia, Trasimenus, Cannæ, quid aliud sunt quàm monumenta occisorum exercituum consulumque Romanorum?* (175.)

N

1. *Naufragium.* — Naufrage, synonyme, au figuré, de *ruina*, au pluriel et au singulier : *vixdum è naufragiis prioris culpæ cladisque emergentes* (57). *Ad colligendas reliquias naufragii nostri* (191).

2. *Negotium.* — Non-seulement une affaire, mais la peine, l'embarras qu'elle suscite.

3. *Nemo unus.* — Même sens que *nemo*, mais plus énergique (214).

4. *Nullus.* — Nul, détruit, anéanti, inconnu. — *Ipse vindex vester, ubi visum inimicis est, nullus repente fui* (68). — *Nullum jam esset nomen pop. Romani* (175). — *Patre nullo*, dont le père est inconnu ; sans aïeux (38).

O

1. *Obediens dicto.* — Ordinairement accompagné du participe *audiens*, pour signifier : docile, soumis ; facile

à se laisser conduire. *Ne plebs nobis dicto audiens atque obediens sit* (47).

2. *Obviam ire.* — Résister à, marcher contre, attaquer; au figuré : *obviam ire audaciæ* (36).

3. *Occidione occidere.* — Massacrer jusqu'au dernier. Terme consacré (200).

4. *Occurrere alicui.* — Rencontrer quelqu'un. Seulement le *complément français* devient le *sujet latin*, et réciproquement. J'ai rencontré votre frère : *Mihi occurrit tuus frater.*

5. *Os præbere.* — Expression énergique, s'offrir (présenter le visage) — *ad contumeliam* (43) (s'exposer à un affront).

6. *Ostentui esse.* — Avec un génitif : Être une marque éclatante de... (335) ... *Natus sum, ut Jugurthæ* SCELERUM OSTENTUI *essem.*

P

1. *Pacatus, a, um.* — Sûr, qui n'est infesté par aucun ennemi. *Pacato mari, pacata itinera* (186, 128), *pacatus ager* (198).

2. *Palma.* — Comme synonyme de *decus* : *Palma belli patrati* (195).

3. *Patere.* — Être ouvert (comme un asile) à; s'offrir à; être à la disposition de... (79, 82). *Omnibus vestrum auxilium æquum est patere.*

4. *Pedibus ire.* — Quelquefois *ire* seul, avec *in sententiam :* Se ranger à l'avis de quelqu'un.

5. *Penes.* — Au pouvoir de : *Penes aliquem esse*, synonyme du terme *in manu esse* (330), dépendre de, appartenir à...

6. *Permittere.* — Livrer à, remettre, confier, abandonner à la discrétion de... (souvent employé).

7. *Perpetuus.* — Appliqué aux personnes et aux choses; perpétuel, sans fin, éternel, souvent avec un sens de haine ou d'ironie : *Perpetuus ille decemvir (Appius). — Perpetuos, si Diis placet, tribunos. — Victoria non præclara solum, sed etiam perpetua.*

son sujet en lui-même; réussir, tourner à bien : *Si facinori eorum successerit* (298). (Si le succès couronne leur attentat.)

11. *Summa, æ*, — le point important, essentiel, capital, le résultat général ; l'intérêt universel : *summa imperii*, comme *caput imperii*, le point capital de l'empire. *Eo loco caput rerum summamque imperii fore* (66). — *Summa rerum*, l'ensemble des affaires (86).

12. *Summa res*, — le sommaire, l'abrégé, le résumé d'une affaire : *Summam rem complectar* (247).

13. *Supersedeo*, — regarder comme superflu, s'abstenir : *supersedissem loqui* (121).

14. *Supervacaneus, a, um*, — superflu, qui vient en sus du besoin. *Illis supervacaneum est pro potentiâ paucorum pugnare* (365). (Ils n'ont que faire de, ils n'ont aucun intérêt à combattre pour le pouvoir de quelques hommes.)

15. *Sustinere*, — avoir le courage de : *Me ipsum ferire sustinebis?* (147.) — Faire contre-poids, balancer : *hæ secundæ res illas adversas sustinuerunt* (175). — Soutenir le choc de : *Tres exercitus sustinebimus hostium?* — Aider, secourir, soutenir. *Sustinendo necessitates aliorum* (65).

T

1. *Tacere*, — au figuré : cesser de se manifester : « *Tacet illa indoles Romana* » (102).

2. *Tacitus, a, um.* — *Tacitum ferre*, emporter sans réclamation : *Ut tacitum feras quod celari vis* (24). — Sans être assisté du secours de la parole : *Auctoritate quæ tacita satis momenti habet* (231).

3. *Tarquinii*, — expression toute locale, synonyme de *tyranni* : *Tarquinii tribuni plebis* (72). *Decem Tarquinios appellantem Decemviros* (23).

4. *Temperare manibus*, — s'abstenir de la violence (37).

5. *Tempore meo, tuo, nostro, vestro*, — à mon heure, à l'heure de ta convenance, etc. (276).

6. *Tenor*, — un mouvement continu, un cours uniforme et constant, sans interruption ni changement. Sens

propre et sens figuré : *Brevis res est, si uno tenore peragitur* (50). — *Semper ego plebem romanam eodem tenore colui* (82).

7. *Tergum*, — terme local, emprunté aux habitudes de la vie et de la discipline romaines ; *le dos* pour *la personne* : *Sævite in tergum et in cervices nostras*. — *Decemvir ille perpetuus, bonis, tergo, sanguini civium infestus* (24, 29).

8. *Titulus*, — autre synonyme de *decus*, comme *palma* : *Titulus perpetrati belli;* — *liberatæ Græciæ* (195, 246).

9. *Transvorsum*, — de travers; *transvorsum agere*, — égarer. Expression énergique (333).

10. *Trepidus, a, um*, effaré, troublé, qui trouble ou se fait avec trouble : *trepida fuga* (186) ; *trepidæ res* (54).

U

1. *Ultro*, — en prenant les devants, sans attendre l'invitation, le signal, l'ordre, ou la provocation d'un adversaire, en donnant soi-même l'exemple : *Ultro bellum ferre* (42). *Ultro fratri percussoris speciem induere* (299). (Prévenir son frère et lui donner le premier l'apparence d'un assassin.)

2. *Umbra*, — Ombre. Source d'expressions très-originales. *Non* IM UMBRA *majores nostri hanc potestatem creaverunt* (51). UMBRA AUXILII VESTRI *tegi possumus* (80). — *Sub* UMBRA *Scipionis civitatem latere... apparet* (285). (L'ombre de Scipion couvre la cité qui règne sur l'univers; il n'est personne qui ne le voie.)

3. *Usurpare*, — faire usage de, jouir de, exercer : *Usurpare libertatem* (46).

4. *Uti*, — *user de*, dans tous les sens ; s'applique aux choses matérielles comme à celles de l'esprit et du cœur : *Utantur annona quam sibi fecere* (12). — *Uti milite mercenario* (48). — *Uti duce eo potentiore quod..., etc.* (68). — *Uti purpura* (241). — *Uti largiore vino* (302). — *Uti oratione meditata*, etc. (304).

V

1. *Variare*, — sens actif; produire du changement dans... *Variante fortuna eventum.* — *Si quid fortuna variaverit* (144, 150).

2. *Vastus, a, um,* — *vastitas.* Dévasté, désert, état d'un lieu changé en désert : *vastæ solitudines* (91). *Plus vastitatis urbi secunda fortuna faciet quam adversa* (56).

3. *Venenum*, — au figuré, fléau : *Discordia est venenum hujus urbis* (31).

4. *Vertere*, — à l'actif, imputer à, tourner à, comme *tribuere, dare,* et *ducere.* (Locution indiquée par Lhomond.) Au sens neutre, *tourner* ou *se tourner en* : *Mihi benefacere ex consuetudine in naturam vertit* (341). *Ista vobis mansuetudo in miseriam vertet* (363).

5. *Via,* — voie, direction, méthode. *Via consilii,* façon de raisonner et de se conduire (189). *Via gerendi belli,* système de guerre (166).

6. *Vindicare,* — sens primitif, réclamer en justice, revendiquer. — Par extension, au figuré : 1° *Vindicare aliquem ab...* garantir quelqu'un de... (119). 2° *Vindicare in libertatem,* affranchir; *Vindicare se in libertatem,* s'affranchir (246, 250). — *Vindicare in (aliquem),* punir (339); — venger quelqu'un (398).

7. *Vis :* — 1° force, violence; *nihil vi opus est* (337). *Inferre vim, propulsare* ou *arcere vim,* se disent bien d'un agresseur, de l'ennemi qui attaque, qui envahit une région, et du pays ou de l'homme qui repousse l'invasion (128, 302). On dit dans le même sens : *inferre et propulsare periculum.* — 2° Effet, influence. *Quam aliam vim habent connubia promiscua, nisi ut...* (35). 3° Force, nature, essence. — *Vis morbi,* pour *morbus* (190), comme on dit *natura maris,* pour *mare* (186); et en poésie : *canum vis,* pour *canes.*

CONSEILS POUR LA VERSION

ou

L'ART DE TRADUIRE RAMENÉ A SES PRINCIPES LES PLUS SIMPLES.

Pour bien faire une Version, il faut deux choses : la bien *comprendre* et la bien *traduire*. — *Comprendre* une Version signifie, d'une part, saisir le sens de chaque mot et de chaque phrase; de l'autre, démêler et suivre les rapports des phrases entre elles depuis le commencement jusqu'à la fin.

Pour saisir le sens des mots, formez-vous avant tout une idée générale du sujet traité dans la Version, soit par le titre même, soit par une lecture rapide du texte. La situation même où l'auteur place le traducteur jette souvent une vive lumière sur la signification possible des termes. Abordez ensuite les phrases du texte les unes après les autres. Vous remarquerez tout de suite que parmi les mots qui composent chacune d'elles, il n'y a ordinairement qu'une ou deux expressions qui présentent quelque difficulté : c'est à celles-là qu'il faut vous attacher. Aidez-vous d'abord des mots qui les entourent et dont le sens est clair, pour pressentir celui que ces expressions obscures vous dérobent. En même temps consultez votre dictionnaire et rendez-vous compte exactement des règles grammaticales appliquées par l'auteur dans la phrase à traduire; confrontez alors les différentes significations que le dictionnaire vous donne et que la grammaire semble vous imposer, avec celle que la réflexion vous avait suggérée d'avance, et arrêtez-vous à celle que la raison vous invite à adopter.

L'office du dictionnaire est d'indiquer à la fois *tous* les sens et les *seuls* sens entre lesquels le jugement peut et doit choisir. C'est un défaut ordinaire des élèves inexpérimentés d'étendre arbitrairement et d'altérer par des interprétations précipitées la signification des mots français par lesquels le dictionnaire traduit tel ou tel mot latin. Un traducteur habile sait subir les sens qui lui sont prescrits et profiter de cette contrainte même pour atteindre la vraie pensée de l'auteur.

Il ne faut pas apporter une attention moins scrupuleuse à reconnaître les règles grammaticales observées par l'auteur, et les modifications que ces règles mêmes ont pu produire dans la signification primitive des mots.

Soit les six phrases suivantes : 1° *Tibi consulo.* — 2° *Te consulo.* — 3° *Jugurtha legatos misit qui pacem petiverunt.* — 4° *Flumen opportunum quo ex mediterraneis locis fruges devehantur.* — 5° *In eo hominis dignitas posita est quod ratione utitur.* — 6° *In eo hominis dignitas posita est ut ratione utatur.*

L'élève raisonnera de cette manière : Le verbe *consulere* régit *le datif* dans la première phrase et *l'accusatif* dans la seconde ; c'est que dans la première il veut dire, selon la grammaire : « Je veille à tes intérêts » et dans la seconde : « je te consulte. » — Il y a *petiverunt* à l'indicatif dans la troisième phrase ; cela prouve que le relatif *qui*, dans la pensée de l'auteur, revient seulement à *et illi.* Je comprendrai : « des députés qui demandèrent la paix, » et non pas « chargés de demander la paix. » Il y a au contraire *devehantur* au subjonctif dans la quatrième : cela prouve que le relatif *quo* revient à *id* ou *tale ut illo* ; je comprendrai : « un fleuve *fait pour* apporter les produits de l'intérieur des terres. » — Il y a *quod ratione utitur* dans la cinquième. L'emploi de *quòd* avec l'indicatif montre que l'auteur a voulu simplement énoncer un fait. Je traduirai : la dignité de l'homme consiste *en ce qu'il est* doué de raison. — Il y a *ut ratione utatur* dans la sixième : c'est la preuve que l'auteur a voulu marquer soit une nécessité, une obligation, une convenance, soit un but que l'homme doit atteindre ; je traduirai : « la dignité de l'homme consiste *à se servir* de sa raison (autrement il y dérogerait). »

On voit assez par ces exemples quelle est l'influence des règles sur le sens même des expressions.

Tel est le double travail auquel on doit soumettre les mots. — Que si l'on considère maintenant les phrases plus que les mots, il suffit de joindre aux préceptes qui précèdent celui de faire la construction la plus exacte et la plus rigoureuse.

La phrase est-elle simple? Cherchez d'abord le sujet et tout ce qui s'y rapporte, puis le verbe, puis l'attribut; ou, si le verbe renferme en lui-même son attribut, le complément, ou les compléments et ce qui s'y rattache.

Faites de même pour les phrases formées de plusieurs propositions coordonnées : étudiez-les comme une série de propositions simples. Mais si la phrase est une période formée d'une proposition principale et d'une ou plusieurs propositions incidentes qui lui soient subordonnées, rappelez-vous deux choses : premièrement, qu'une proposition incidente peut s'annoncer de cinq manières : par un *relatif*, par un *interrogatif indirect*, par un *participe*, par une *proposition infinitive*, enfin par une *conjonction;* secondement, que toute proposition annoncée dans le cours d'une période par une de ces cinq locutions doit être, en quelque sorte, pourvue de tous les éléments qui lui sont nécessaires, avant que l'auteur ne complète celle qui précédait, si par hasard celle-ci a été coupée en deux tronçons par l'incidente.

Exemple : *Quid igitur minus conveniat, milites, quàm, quum aliæ super alias clades cumularentur, ac Dii propè ipsi cum Annibale starent, vos hic cum parentibus meis (æquentur enim etiam honore nominis), sustinuisse labantem fortunam populi Romani; nunc eosdem, quia illic omnia secunda lætaque sunt, animis deficere?* (Tite Live, XXVI : Discours de Scipion à ses soldats en Espagne.)

Conformément à la méthode prescrite, on construira :

Igitur quid conveniat minus, milites, — proposition principale.

Quàm, proposition incidente, interrompue par *quum;*

je la laisse donc provisoirement, jusqu'à ce que j'en aie fini avec la nouvelle incidente.

Quum clades cumularentur aliæ super alias, ac Dii ipsi propè starent cum Annibale; fin de ce qui se rapportait à la conjonction *quum;* ici donc va reprendre la proposition commencée par *quàm*.

(Quàm) vos sustinuisse fortunam labantem populi Romani hic cum parentibus meis; ici, la parenthèse : en effet, *parentes* signifie proprement *les parents, le père et la mère*, et un des deux Scipions morts n'étant que l'oncle de l'orateur, il faut expliquer tout de suite cette expression *parens* qui lui est appliquée. On construira donc immédiatement après *parentibus meis: æquentur enim etiam honore nominis.*

Nunc eosdem, nouvelle proposition dépendant de *quàm,* ainsi que le prouvent *eosdem* à l'accusatif et *deficere* à l'infinitif, mais interrompue, elle aussi, par *quia*.

Quia omnia sunt illic secunda lætaque: Ici reprend et s'achève la proposition *nunc eosdem;*

(nunc eosdem) deficere animis.

Quelle chose donc serait moins conséquente, plus contradictoire, soldats, que (ceci), lorsque les désastres s'accumulaient les uns sur les autres et que les dieux eux-mêmes presque se tenaient avec Annibal; (que) d'avoir soutenu la fortune chancelante du peuple romain ici avec mes parents (qu'ils soient en effet égalés aussi par l'honneur du nom : sous-entendu : *comme ils l'ont été par celui de combattre et de mourir ensemble); et maintenant, vous, les mêmes gens, — parce que tout est là-bas heureux et prospère, (et maintenant vous les mêmes gens) de vous décourager?*

On a voulu, dans cette construction, conserver autant que possible l'ordre du latin, et on a interrompu chacune des deux propositions infinitives pour intercaler entre leur commencement et leur fin les nouvelles propositions incidentes annoncées soit par *quum,* soit par *quia.* Mais on aurait pu compléter tout de suite les unes après les autres les propositions diverses, dans l'ordre où elles se présentaient en latin, et l'on aurait eu :

Quid igitur convéniat minùs, — quàm — vos sustinuisse hic fortunam labantem pop. Rom. cum parentibus meis — (æquentur enim etiam honore nominis) — quum clades cumularentur aliæ super alias, ac Dii ipsi propè starent cum Annibale, — nunc eosdem deficere animis, — quia omnia sunt illic secunda lætaque?

Mais une Version n'est pas une seule phrase : c'est une succession de phrases qui ont entre elles certaines relations. Le but du travail est de saisir les rapports divers qui enchaînent toutes ces parties successives d'un même morceau. Tantôt une phrase suivante explique la précédente, tantôt elle y apporte une restriction; ou bien elle la confirme et la répète, ou bien elle en exprime une conséquence; bref, tous les rapports qui lient entre elles deux ou plusieurs idées successives peuvent aussi se rencontrer dans une Version. Pour les démêler, il faut les deviner, comme on devine le sens des mots et des phrases détachées, en prenant pour guides, d'une part, le bon sens, et, de l'autre, le dictionnaire et l'interprétation des règles grammaticales.

Quelle que soit, en effet, la matière traitée, on peut affirmer qu'il y aura toujours une certaine suite entre les idées. Certes, l'esprit du traducteur n'est pas toujours capable de pressentir sur un sujet quelconque toutes les pensées de l'auteur et les mêmes que lui; cela tient à ce que les esprits des hommes ne sont pas également doués, et, faute de se ressembler, n'envisagent pas les choses sous les mêmes points de vue. Il n'est pas moins légitime de soutenir que tout esprit naturellement juste et droit, pour peu qu'il s'applique et sache pertinemment le sens des mots et les règles principales d'une langue, est presque toujours capable de retrouver la liaison établie par un écrivain dans l'expression et le développement de ses pensées. D'abord, il y a des mots dont l'office propre est de marquer expressément la relation d'une phrase avec la précédente : tels sont : *et, aut, nec, nam, sed, ergo,* et leurs synonymes, et toutes les *conjonctions.* Ensuite, les significations diverses indiquées pour tout mot important par le dictionnaire, et les règles auxquelles s'est asservi l'auteur, forment, pour ainsi dire, autour de chaque phrase nouvelle, un cercle dans lequel le traducteur doit s'enfermer, s'il ne veut courir à l'aventure après des sens purement arbitraires. Sous ces réserves, il demeure vrai de dire que la meilleure méthode pour comprendre une version, c'est de la deviner.

Quand on a compris une version, il reste à la *traduire;* les conseils sur la *traduction* portent aussi sur les mots et sur les phrases.

Pour bien rendre les mots, il faut les traduire avec les expressions les plus propres à reproduire intégralement leur sens. On atteint alors à ce qu'on appelle la *propriété* des termes. Ce mot a une signification très-importante. Il ne veut pas dire seulement *exactitude*, mais encore un certain bonheur d'expression qui fait que le traducteur reproduit ce qu'on pourrait appeler la physionomie particulière de l'idée. Autrement dit, la propriété n'a pas pour effet de présenter une copie terne et un calque décoloré de la pensée latine, mais d'offrir à l'esprit du lecteur l'image vive et animée de cette pensée. Il y a donc comme deux degrés dans la propriété des termes. On arrive au premier, quand on traduit avec précision, justesse et clarté; mais pour s'élever au second, il faut que les expressions joignent à ces qualités le mérite de l'élégance, du mouvement et de l'énergie, et même, dans l'occasion, du pittoresque et du trait.

Soit cette phrase de Sénèque : « *Apes debemus imitari quæ vagantur, et flores ad mel idoneos carpunt,* » et les deux traductions suivantes :

1° *Nous devons imiter les abeilles qui vont de fleurs en fleurs, et butinent de quoi composer leur miel;*

2° *Nous devons imiter les abeilles qui errent çà et là, et recueillent les sucs des fleurs propres à composer leur miel.*

Quelle que soit la valeur intrinsèque de ces traductions, tout élève est capable de voir en quoi la première est préférable à la seconde, et se rapproche davantage du degré

CONSEILS POUR LA VERSION. 149

où réside la vraie perfection. D'abord elle est plus rapide ; puis *aller de fleurs en fleurs* est plus harmonieux et plus expressif *qu'errer çà et là*, et *butiner* a plus de grâce que *recueillir*.

Pour atteindre à la propriété des termes, il y a quatre moyens principaux :

1° Cherchez avec obstination le mot français qui correspond exactement au mot latin, et ne vous contentez pas d'à-peu-près. La Bruyère l'a dit : « *Entre toutes les différentes expressions qui peuvent rendre une seule de nos pensées, il n'y en a qu'une qui soit la bonne ; on ne la rencontre pas toujours en parlant ou en écrivant ; il est vrai néanmoins qu'elle existe, que tout ce qui ne l'est point est faible, et ne satisfait point un homme d'esprit qui veut se faire entendre.* »

2° Il y a quatre espèces de mots qui, en passant du latin en français, prennent volontiers la place les uns des autres : le substantif, l'adjectif, le verbe et l'adverbe.

Exemple : substantif français substitué à l'adjectif latin : « *Tunc animus* CONSUMMATUM *habet* PLENUMQUE *bonum sortis humanæ...* (Sénèque) : l'âme possède alors dans sa *plénitude* et sa *perfection* le bonheur où l'humanité peut atteindre. »

Verbe français substitué à un substantif latin.

... Quum terrâ clauditur infans,
Et MINOR IGNE *rogi.* (Juvénal.)

« Quand nous voyons mettre dans la terre un petit enfant, trop jeune encore pour *être brûlé sur le bûcher.* »

Adjectif français traduisant un verbe latin accompagné d'un adverbe : « *Vos autem, imperatores omnium gentium,* SATIS HABEBATIS *animam retinere.* » (Salluste.)

« Et vous, vous, les maîtres du monde, vous *étiez contents* de sauver votre vie. »

Verbe français traduisant un adjectif latin : « *Eum jam regem* VIVO *patre appellant.* » (Tite Live.)

« Ils le saluent déjà du titre de roi, quand son père *vit encore...* » etc., etc.

3° Les métaphores et les métonymies offrent aussi de

précieuses ressources au traducteur. Il peut, en effet, substituer :

Une figure à l'expression simple ou réciproquement.

Ex. : « *Si facinori eorum* succedit. » « Si le succès couronne leur attentat. »

« Mars *communis belli erit.* » « *Les chances* de la guerre seront égales. »

Le signe à la chose signifiée, ou réciproquement.

Ex. : Domi militiæque *se præstantem virum præstitit.* » « *Sous la toge* comme *sous les armes*, il se montra grand citoyen. »

« Palmam *belli patrati petis?* » « Aspires-tu donc à l'*honneur* de finir la guerre ? »

Le contenant au contenu, ou réciproquement.

Ex. : « *Assensere* milites, » « tout le *camp* applaudit. »

« *Universa* concio *reclamavit.* » « Tous les spectateurs se récrièrent. »

L'abstrait au concret ou le concret à l'abstrait :

« *Paupertate* magistra, » « à l'*école* de la pauvreté. »
— « *Eum sensi* bonum ; » « j'ai reconnu sa *bonté*. »

Le nombre déterminé au nombre indéterminé, le pluriel au singulier.

« Sæpe *tibi dixeram.* » « Je t'avais dit *cent* fois. »

« Flaminio, Paulo, Graccho, M. Marcello... *uno bello absumptis.* »

« Quand une seule guerre nous a dévoré *les* Flaminius, *les* Paulus, *les* Gracchus, *les* Marcellus, » etc., etc.

4° Enfin, il y a des locutions latines qui semblent appeler, pour les traduire, des idiotismes français. En ce cas, la fidélité consiste à être infidèle. Il faut sacrifier résolûment le mot ou le tour latin pour s'attacher à la pensée. La reproduit-on avec la force ou la beauté qu'elle a dans le texte, cela suffit, quand même la locution latine aurait complétement disparu; ce qui veut dire : *rendez l'idée, non les mots.*

Ex. : « Stricto *gladio concurrunt.* » « Ils s'avancent l'épée *nue.* »

« *Nullius non origo* ULTRA MEMORIAM JACET. » « Personne, parmi nous, dont l'origine *ne se perde dans la nuit des temps.* »

« Hostis, *qui utrum sit avarior an crudelior*, vix existimari potest. » « Un ennemi chez qui la barbarie le *dispute* à la cupidité. »

« *In discrimen unius horæ dare.* » « Jouer sur un coup de dés, » etc., etc.

Voilà pour les mots. Passons aux phrases : Nous distinguerons, comme plus haut, les phrases simples et les phrases composées.

Phrases simples. Règle générale. Construisez régulièrement la phrase française ; autrement dit, exprimez d'abord le sujet avec tout ce qui s'y rapporte, puis le verbe, puis enfin les compléments, s'il y en a plusieurs, *dans l'ordre le plus favorable à l'élégance et à l'harmonie de la phrase.*

Il y a pourtant des cas où l'on doit s'astreindre, pour la fidélité même de la traduction, à suivre, non plus l'ordre régulier de la syntaxe française, mais au contraire la marche de la phrase latine. L'auteur, en effet, peut avoir une intention particulière, lorsque, même dans une phrase simple, il place tel mot à tel endroit plutôt qu'à tel autre. C'est l'œuvre encore du bon sens, de voir si l'ordre dans lequel se succèdent les mots latins est prémédité, et si le génie de la langue française ne s'oppose point à ce que le même ordre soit conservé dans la traduction.

Ex. : « *Te diu quæsivi, neque reperire potui.* » — « *Te diu quæsivi, non autem tuum fratrem.* »

La place des mots est assez indifférente dans le premier exemple; mais elle ne l'est pas du tout dans le second, où *te* et *fratrem* sont opposés l'un à l'autre. On traduira donc : *Je t'ai cherché long-temps sans pouvoir te trouver.* — *C'est toi* que j'ai cherché si longtemps, et non pas *ton frère.*

Alit lectio ingenium, et STUDIO FATIGATUM, *non sine studio tamen, reficit.* Évidemment on traduira, en laissant *studio fatigatum* à sa place : « la lecture nourrit l'esprit, et *lorsqu'il est fatigué par le travail*, le repose, » etc., etc.

Mais quand la phrase est composée d'une proposition principale et d'une ou plusieurs propositions subordonnées, il faut, au contraire, autant qu'on le peut sans blesser les lois de la langue française, garder l'ordre du latin. La raison en est facile à saisir. Dans une période un peu ample, toute proposition incidente représente une idée secondaire, et il y a ainsi comme un groupe de pensées accessoires rangées autour de la pensée principale. Les unes la précèdent et l'annoncent, les autres la suspendent et la divisent, pour ainsi dire, en tronçons ; d'autres, enfin, la suivent pour la prouver, la commenter, la modifier, etc.

Il est clair alors que la place de chacune d'elles a été comme imposée à l'écrivain, qui nous l'impose à son tour. Notre premier devoir est donc presque toujours de nous asservir à la marche du latin, de laisser la proposition principale en tête, si elle s'y trouve dans le texte, au milieu ou à la fin, si l'auteur l'y a rejetée, de la couper enfin, si les incidentes la coupent dans l'original. Seulement, il ne faut pas hésiter, quand la phrase menace d'être par trop longue, et de rendre ainsi le style lourd et traînant, à faire plusieurs phrases d'une seule. L'essentiel est alors de conserver et de faire sentir les relations des différentes propositions entre elles.

Ex. : *Postero die, quum circumsessi ab exercitu victore aquâ arceremur, nec ulla jam per confertos hostes erumpendi spes esset, nec esse nefas duceremus, quinquaginta millibus hominum ex acie nostrâ trucidatis, aliquem ex Cannensi pugnâ Romanum militem restare, tum demum pacti sumus pretium quo redempti dimitteremur.*

En conservant la période, on aura : « Le lendemain,

comme nous étions cernés par l'armée victorieuse et privés d'eau, *que* nous n'avions plus d'espoir de forcer les lignes serrées des ennemis, *que* d'ailleurs nous ne considérions pas comme un crime, quand cinquante mille hommes de notre armée avaient été massacrés, qu'il restât quelque soldat romain de la bataille de Cannes, alors seulement nous sommes convenus d'un prix pour notre rachat et notre mise en liberté. »

En la divisant, on aurait : « Le lendemain, nous étions cernés par l'armée victorieuse et privés d'eau : nous n'avions plus d'espoir de forcer les lignes serrées des ennemis ; d'ailleurs, nous ne considérions pas comme un crime, quand cinquante mille hommes, etc. ; le reste comme dans la phrase précédente.

On a séparé les deux premières idées, *arceremur* et *spes esset;* mais on a réuni les deux suivantes, *nec esse nefas* et *quinquaginta millibus,* etc., parce que l'une était l'explication de l'autre.

Mais au-dessus de toutes ces observations de détail, il y a une règle générale, de beaucoup la plus importante : c'est de reproduire autant que possible, dans les mots comme dans les phrases, la physionomie de l'original. Cela ne veut pas dire seulement qu'on doit traduire en style coupé une version composée de petites phrases courtes et rapides, et en style périodique les périodes d'un Tacite, d'un Tite Live, d'un Lucrèce ou d'un Cicéron ; cela veut dire encore qu'il faut que notre traduction reflète les sentiments et l'imagination de l'auteur, de telle sorte qu'on retrouve dans notre français son esprit et son caractère d'écrivain. C'est en cela que consiste la véritable fidélité du traducteur.

FIN.

PREMIÈRE TABLE DES MATIÈRES

REPRODUISANT L'ORDRE OÙ ELLES SONT TRAITÉES DANS LE CORPS DE L'OUVRAGE.

Chapitre I. Observations préliminaires............... 7
    Des diverses propositions............... 7
 § I. De la Proposition en général................ 7
 § II. Des diverses espèces de Propositions......... 7

PREMIÈRE PARTIE.

Chapitre II. *Propositions simples*.................... 11
 § III. Des substantifs. Première déclinaison....... 12
 § IV.   — Deuxième déclinaison...... 12
 § V.   — Troisième déclinaison...... 13
 § VI.   — Quatrième déclinaison...... 14
 § VII.   — Cinquième déclinaison...... 14
 § VIII.   — Règles et locutions particulières aux substantifs....................... 14
Chapitre III. *Des Adjectifs*....................... 16
 § IX. Règles d'accord de l'adjectif, et, en général, de l'attribut, avec le terme auquel il se rapporte.. 16
 § X. Régime des adjectifs. Locutions propres aux adjectifs................................. 18
 § XI. Comparatif en général..................... 20
 § XII. Locutions formées par le comparatif........ 21
 § XIII. Superlatif............................. 22
Chapitre IV. *Adjectifs numéraux ou noms de nombre*.. 24
    Adjectifs déterminatifs et pronoms...... 24
 § XIV. *Is, ea, id, hic, hæc, hoc, iste, ista, istud, ille, illa, illud*............................ 26
 § XV. *Idem, eadem, idem*...................... 28
 § XVI. *Ipse, ipsa, ipsum*...................... 29
 § XVII. Déterminatifs se déclinant sur les adjectifs précédents : *unus, solus, alius,* etc. Règles propres à *alius* et aux mots analogues..... 30
 § XVIII. Double sens des adjectifs possessifs...... 32

PREMIÈRE TABLE DES MATIÈRES.

§ XIX. De *nostrûm, nostri, vestrûm, vestri*. Du sens partitif de certains mots latins.................. 33
§ XX. Mots relatifs et interrogatifs................ 34
CHAPITRE V. Du verbe............................. 36
§ XXI. Formation des temps..................... 36
§ XXII. Explication de certaines formes de conjugaison. 2ᵉ personne du présent indicatif, et imparfait du subjonctif. — Impératif actif et passif ou déponent. — Futur du subjonctif. — Futur de l'infinitif et en général des deux sens du verbe *devoir*. Gérondif en *do*. — Gérondif en *dum*. — Supin actif et passif.................................... 37
§ XXIII. Verbes irréguliers ou défectueux........ 44
§ XXIII bis. Verbes offrant quelque particularité... 48
§ XXIV. Régime des verbes..................... 60
Régime indirect des verbes. — Verbes régimes d'autres verbes...................... 62
§ XXV. Du sens et de l'emploi de certaines formes dans les verbes latins....................... 64
CHAPITRE VI. *Des Adverbes*....................... 68
§ XXVI. Adverbes de lieu, de distance et d'étendue. 68
Adverbes de temps..................... 71
Adverbes de quantité................... 73
§ XXVII. Négations............................ 76
§ XXVIII. Des prépositions..................... 77
§ XXIX. Des interjections...................... 78

SECONDE PARTIE.

CHAPITRE VII. *Propositions coordonnées*............ 79
§ XXX. Des mots qui marquent les propositions coordonnées et de la manière de les rendre......... 80

TROISIÈME PARTIE.

CHAPITRE VIII. *Propositions subordonnées*.......... 84
§ XXXI. Des relatifs, *Qui, quæ, quod; quisquis, quicumque; ubi, quo, quà, unde*................ 84
CHAPITRE IX. *Interrogations*...................... 89
§ XXXII. Interrogations en général; — directes et indirectes................................ 89
§ XXXIII. Interrogations simples et doubles....... 91

PREMIÈRE TABLE DES MATIÈRES.   157

Chapitre X. *Proposition infinitive*.	94
§ XXXIV. Proposition infinitive en général.	94
§ XXXV. Proposition infinitive considérée comme complément d'une proposition principale.	96
§ XXXVI. Des verbes qui gouvernent la proposition infinitive.	97
Chapitre XI. *Participes*.	100
§ XXXVII. Des participes.	100
Chapitre XII. *Conjonctions*.	102
§ XXXVIII. Conjonctions régies par un verbe.	102
§ XXXIX. Conjonctions régies par d'autres mots que des verbes.	107
§ XL. Conjonctions employées seules.	110

QUATRIÈME PARTIE.

Chapitre XIII. *Des propositions subordonnées complétives*.	115
§ XLI. Influence de la proposition subordonnée complétive. Règles sur l'emploi de *suus, sua, suum*.	115
§ XLII. De l'emploi de *sui, sibi, se*.	117
§ XLIII. Substitution du subjonctif à l'indicatif.	118

CINQUIÈME PARTIE.

Chapitre XIV. *Supplément*.	120
§ XLIV. Du discours indirect.	120
§ XLV. Des mots qui lient entre elles les différentes parties d'un paragraphe ou d'un discours.	121
§ XLVI. De la construction des phrases latines.	125
§ XLVII. Locutions remarquables tirées du *Conciones*.	128
Conseils pour la version.	143

FIN DE LA PREMIÈRE TABLE DES MATIÈRES.

SECONDE TABLE DES MATIÈRES

DANS L'ORDRE DES PARTIES DU DISCOURS

SUBSTANTIFS, ADJECTIFS, PRONOMS, VERBES, ADVERBES, PRÉPOSITIONS, CONJONCTIONS, INTERJECTIONS.

SUBSTANTIFS.

MOTS OFFRANT QUELQUE PARTICULARITÉ DANS LEUR DÉCLINAISON.

Première déclinaison.

Æneas, — Cometes, — Musice.................... 12

Seconde déclinaison.

Diverses terminaisons du VOCATIF.................... 12

{ Agnus, — Chorus, — Deus. (*Déclinaison de* Deus *au pluriel*).. 12
{ Gladius, — Nuntius, — etc....................... 12
{ Filius, — Genius............................... 12
{ Horatius, — Pompeius, — etc.................... 12
{ Darius, — Delius, etc.......................... 12

Troisième déclinaison.

NOMS IMPARISYLLABIQUES. *Diverses terminaisons du* GÉNITIF PLURIEL.

{ Mons, — Urbs, — etc............................ 13
{ Dux, — Fraus, — Rex, — Vox.................... 13
{ Animal, — Calcar, — etc....................... 13

NOMS PARISYLLABIQUES. 13

ACCUSATIF et ABLATIF au SINGULIER ; — GÉNITIF PLURIEL. 13

{ Avis, — Collis, — Ignis, — Securis, — etc...... 13
{ Apes (*ou*) Apis, — Canis, — Juvenis, — Senex, — Vates. 13

NOMS IRRÉGULIERS.

{ Iter, — Jupiter, — Jus, — Supellex, — Vis....... 13

SECONDE TABLE DES MATIÈRES. 159

NOMS TIRÉS DU GREC.

Hæresis, — Heros.................................... 14

Quatrième déclinaison. 14

NOMS *en* UBUS *au* DATIF *et à* L'ABLATIF PLURIEL......... 14

Acus, — Arcus, — Artus, — Lacus, — Partus, — Portus, — Quercus, — Specus, — Tribus, — Pecu, — Veru... 13

Cinquième déclinaison.. 14

DEUX NOMS POSSÉDANT SEULS TOUS LES CAS DU SINGULIER ET DU PLURIEL.

Dies, — Res. (*Genre de* Dies *au singulier et au pluriel*). 14

NEUF NOMS AYANT AU PLURIEL LE NOMINATIF, LE VOCATIF ET L'ACCUSATIF.

Acies, — Effigies, — Eluvies, — Facies, — Glacies, — Progenies, — Series, — Species, — Spes............ 14

RÈGLES SUR L'EMPLOI DES SUBSTANTIFS.

Ludovicus Rex.. 14
Urbs Roma... 14
Liber Petri. — Bonitas Dei, Bonitatis divinæ......... 14
Tempus legendi. — Tempus legendi historiam, legendæ historiæ.. 15
Culpa est mentiri.................................... 16

LOCUTIONS ET TOURNURES PROPRES AUX SUBSTANTIFS.

Substantifs marquant une qualité, un état, une situation morale ou matérielle......................
Puer egregiæ indolis (*ou*) egregiâ indole, etc.......... 15
Substantif accompagné du participe passé passif pour rendre le passé de l'infinitif....................
Perpetrati belli *titulus*............................. 15
Substantif désignant une action faite ou à faire, et remplacé par le participe passé passif, ou par le participe en dus, da, dum..........................
Rex creatus Veiis offendit Etruscos, etc............. 15

ADJECTIFS.

ADJECTIFS OFFRANT QUELQUE PARTICULARITÉ, SOIT DANS LEUR SENS, SOIT DANS LEUR RÉGIME.

Aptus, *et ses analogues comme* utilis.................. 18
Assuetus.. 18
Bonus, *et ses analogues servant à traduire l'adjectif français* VERTUEUX............................. 19
Frugi..
Honestus, Probus, etc...................................... 19
Contentus : *diverses manières de rendre l'adjectif français* CONTENT.................................. 19
Cupidus *et ses analogues, avec le gérondif en* di...... 18
Dignus, indignus.. 19
Extremus, *et ses analogues servant à désigner une partie du nom qu'ils accompagnent*...............
Imus...
Medius..
Primus..
Summus, etc.. 19
Par, impar.. 18

RÈGLES D'ACCORD DES ADJECTIFS.

Deus sanctus, Deus est sanctus. — Credo Deum esse sanctum.. 16
Pater et filius (sunt) boni; Pater et mater (sunt) *boni*,..
Frater meus *rediit mœrens*. Ego *nominor leo*..........
Rex regiaque classis una *profecti*....................... 17
Grammatice quondam et musice *junctæ* fuerunt....... 17
Labor voluptasque, *dissimillima* naturâ................. 17
Ædificium, equi, vaccæ, una *deleta* sunt incendio..... 17
Invidi virtutem et bonum *alienum* oderunt............ 17
Magna pars militum *vulnerati sunt*..................... 17
Turpe est mentiri... 18
Verè sapientes... 18

COMPARATIFS ET SUPERLATIFS.

COMPARATIFS ET SUPERLATIFS FAISANT EXCEPTION A LA RÈGLE GÉNÉRALE.

Bonus — malus — magnus — parvus................. 20
Pulcher, *et tous les adjectifs en* er..................... 20
Idoneus, *et tous les adjectifs en* eus, uus, ius......... 20

SECONDE TABLE DES MATIÈRES.

Maledicus *et tous les adjectifs en* dicus, ficus, volus... 20
Facilis, difficilis, humilis, gracilis, imbecillis, similis, dissimilis.. 20

RÈGLES DES COMPARATIFS.

Règles citées pour mémoire :

Doctior Petro... 20
Magis pius *quam tu (et non* TE)............................ 20
Felicior quàm prudentior — Magis temerarius quàm peritus (*non* PERITIOR)....................................... 20
Doctior est quàm putas.. 20
Validior manuum.. 20

Règles particulièrement remarquables.

Comparatif à l'accusatif amenant après QUAM *le même cas*.. 20
Id.   amenant après QUAM *le nominatif.* 21

LOCUTIONS ET TOURNURES PROPRES AUX COMPARATIFS.

Des six sens possibles de tout comparatif latin......... 21
Cas régis en latin par inferior *et* superior.............. 21
Tournures latines propres à rendre plus de, moins de, *suivis d'un nom de nombre*................................. 21
Latinismes propres à rendre LA COMPARAISON D'UNE CHOSE AVEC ELLE-MÊME.. 21
Superlatif rendu par le comparatif précédé du pronom relatif à l'ablatif, quo, quà, quo, quibus.............. 21

LOCUTIONS ET TOURNURES PROPRES AUX SUPERLATIFS.

Sens particulier des superlatifs en rimus, rimè, issimus, issimè.. 22
Superlatif renforcé par multo *ou* longè, *par* quàm, *par* unus *ou* unus omnium, *par* vel. *Sens propre de ces expressions*... 22
Superlatif servant à rendre les locutions françaises : autant qu'homme du monde; ... que qui que ce soit; ... que jamais; ... qu'en aucun lieu du monde...... 23
Superlatif avec quisque.. 23

SECONDE TABLE DES MATIÈRES.

ADJECTIFS NUMÉRAUX.

Unus, a, um — Uni, æ, a.................................... 24
Ambo, Duo.. 24
Manière de compter de 10 jusqu'à 20; — de 20 jusqu'à 100.. 24
Manière de compter au-dessus de 100............... 25
Nombres ordinaux.. 25

PRONOMS-ADJECTIFS DÉTERMINATIFS.

Hic, hæc, hoc, — Iste, a, ud — Ille, a, ud — Is, ea, id.. 25
Des significations propres à chacun de ces quatre déterminatifs. — Des locutions auxquelles ils donnent lieu.. 25, 26
De l'emploi des mêmes mots dans les propositions subordonnées, § XXXI et XXXIX................... 85, 109
Des deux ablatifs eo et hoc, servant à rendre d'autant devant un comparatif, ou l'adverbe plus répété..... 75
Idem, eadem, idem. De ses sens et emplois divers. Manière de rendre que après idem......................... 28
De l'emploi de ces différents mots dans le sens partitif avec le nom qui suit au génitif.................... 33, 34
Ipse, ipsa, ipsum. Emplois particuliers de ce mot, pour rendre l'adjectif même, et l'adjectif propre.......... 29
Ipse, a, um, remplaçant suus, sua, suum, sui, sibi, se, § XLI et XLII, ch. XIII..................... 115, 118

PRONOMS-ADJECTIFS EXPRIMANT PLUS OU MOINS UNE IDÉE DE NOMBRE OU DE QUANTITÉ.

Alius, alter, alteruter, neuter, nullus, solus, totus, uter, uterque. Leur déclinaison........................ 30
Emploi particulier de unus au génitif, § XVI......... 30
Manières de rendre que après alius, aliter, secus, æquè. 30
Alius répété avec un sens différent dans une même phrase... 31
Alius opposé à alter, à ceteri, à reliqui — nemo, nullus, à neuter; quis à uter; quisque à uterque, undique à utrinque; primus à prior............................ 31
Aliud, au sens partitif, avec le nom qui suit au génitif.. 33

ADJECTIFS ET PRONOMS POSSESSIFS RÉFLÉCHIS.

Du sens actif et du sens passif des mêmes possessifs.... 32
De l'emploi particulier des génitifs pluriels nostrûm, nostri, vestrûm, vestri.................................. 33

SECONDE TABLE DES MATIÈRES.

Règles sur l'emploi de l'adjectif possessif suus, sua, suum, ch. XIII, § 51.................................... 115
Règles sur l'emploi du pronom réfléchi sui, sibi, se, ch. XIII, § 52.................................... 117

PRONOMS RELATIFS ET LEURS COMPOSÉS ADJECTIFS ET PRONOMS.

Sens et déclinaison de quidam, — *de* quilibet, — *de* quivis.................................... 34
Quicunque, *relatif des Latins dans les phrases indéterminées et générales*.................................... 34
Quisquis (*composé de* quis, *non de* qui).................. 35
Rapports du relatif *avec son* antécédent, *en ce qui regarde* leur place respective *dans une même phrase*, ch. VIII, § 31.................................... 85
Antécédent *faisant, avec son* relatif, apposition *à une phrase précédente*.................................... 86
Des trois sens possibles des relatifs latins (pron. et adv.). 86
Qui *pour et, ou* sed, *ou* nam, *ou* igitur ego, tu, is *ou* ille. Ch. VIII, § 31.................................... 86
Qui *pour* ut ego, tu, is *ou* ille, ibid., et ch. XII, § 38, 9°, et § 39, 1, 2, 3.................... 87, 104, 107
Quo *pour* ut eo, *devant un comparatif*, § 50......... 112
Qui *pour* talis ut ego, tu, is *ou* ille, *et servant à rendre les locutions françaises* être homme à, femme à, chose à, capable de, propre à, fait pour, *et les analogues*.................................... 87
De l'ablatif quo *servant à rendre* que *après d'autant* plus, *ou l'adverbe* plus, *répété*.................................... 75
Du pronom relatif employé seul *ou après* quippe, ut, utpote, *pour signifier* car, puisque, en homme qui, en femme qui, etc.................................... 82

PRONOMS-ADJECTIFS INTERROGATIFS.

Quis, quæ, quid *ou* quod et ses *composés interrogatifs et non interrogatifs*.................................... 34
Quisquam, quispiam, quisque, unusquisque, aliquis. *Emploi particulier de* quisquam.................................... 35
Ecquis. *Emploi particulier de cet interrogatif*......... 35
Quisquis. *Sens de ce mot et de ses formes usitées*...... 35
Qui, quæ, quod. *De son sens comme interrogatif*, ch. IX, § 32.................................... 89
Des cas particuliers où ces différents interrogatifs gouvernent le mode indicatif *et le mode* subjonctif, ch. IX, § 32.................................... 89

DU VERBE.

Formation régulière des temps 36

FORMES PARTICULIÈREMENT REMARQUABLES DANS LES DIFFÉRENTS MODES DES VERBES.

Mode indicatif.

Seconde personne du singulier présent indicatif dans les verbes en ior de la troisième et de la quatrième conjugaison 37
Style épistolaire. *Imparfait pour le présent; pl.-q.-parf. pour le parf.* 64
Différence de sens entre le futur simple de l'indicatif et le futur exprimé par le participe en rus, ra, rum. 65
Cas où l'indicatif remplace en latin l'infinitif *français*.. 90

Mode impératif.

Impératif actif et passif ou déponent. Ressemblances avec l'indic. et le subjonct. 38
Sens particulier des formes en to, tor 38

Mode subjonctif.

Manière de donner un futur au mode subjonctif 38
Des divers sens que peut exprimer par lui-même le mode subjonctif 65
Cas où le mode subjonctif peut ou doit être substitué au mode indicatif 90, 118, 121
— au mode infinitif 90

Mode infinitif.

Futur de l'infinitif, et, à cette occasion, des deux sens du verbe français devoir 38
Manières diverses de rendre le verbe devoir, *quand il marque soit le futur, soit l'obligation, à l'actif et au passif, à tous les modes et particulièrement à l'infinitif.* 39
Des divers sens que peut exprimer par lui-même le mode infinitif. Cris de passion 66

Proposition infinitive.

Du rôle que peut jouer la proposition infinitive comme sujet et comme complément 94
Règles sur le choix des temps de la proposition infinitive 96

SECONDE TABLE DES MATIÈRES. 165

Des verbes qui gouvernent la proposition infinitive.... 97
De quelques différences, à propos de la proposition infinitive, entre le latin et le français : 1° *sur le* choix du temps.................................... 97
2° *Sur le* cas où l'on peut et doit mettre au nominatif *l'attribut qui suit le mode infinitif*.............. 98
3° *Sur le* passé passif latin *substitué au* présent actif français *après les verbes* volo, nolo, malo, oportet.... 99

PARTICIPES.

Participe présent actif. Comment il exprime la simultanéité.. 42
Participe présent passif. Diverses manières dont il se rend en latin.................................... 100
Partic. pas. act. Diverses manières d'y suppléer en latin. 100
Participes passifs ayant un sens actif................ 60
Participe passé passif. De son emploi pour traduire certains noms *français,* (ou), dans certains cas, le passé de l'infinitif...................................... 15
Participes déponents ayant à la fois le sens actif et le sens passif...................................... 59
Participe futur actif en rus, ra, rum................ 40
De son emploi pour rendre le futur du subjonctif...... 39
De son sens propre par opposition au futur simple indicatif.. 65
Participe en dus, da, dum. *De son sens propre de* nécessité, *d'obligation, de* convenance.............. 41
De son emploi pour marquer une action future ou simultanée.. 16
  pour rendre la préposition à *devant un* infinitif présent................... 64, 101
  pour rendre la préposition en *devant un* participe présent..................... 43
  pour remplacer les gérondifs.... 16, 18, 19, 43
Participe à l'ablatif absolu, *et imitation dans les* substantifs *et les* adjectifs......................... 101

GÉRONDIFS.

Gérondif en di....................................... 16, 18
Gérondif en do. *De son emploi après certains adjectifs..* 19
  De son emploi pour rendre la préposition de *suivie d'un verbe*........... 64
  De son emploi pour rendre la préposition en *suivie d'un verbe*........... 43
Gérondif en dum. Des diverses prépositions qui peuvent le régir et de leur sens....................... 43, 64

SUPINS.

Supin actif. Verbes qui régissent le supin actif........ 44
Tour oratoire *que produit le* supin actif *régi par le verbe* ire.. 44
Supin passif. Mots divers qui le régissent............. 44

VERBES IRRÉGULIERS.

Dix catégories de verbes irréguliers.

1° Audeo, gaudeo, fido, (confido, diffido), soleo....... 44
2° Fero *et ses composés* aufero, affero, etc........... 44
3° Eo *et ses composés. Sens actif et formes passives de* adeo, ineo, prætereo, transeo, subeo............... 45
— queo, nequeo................................... 45
4° Fio... 45
5° Volo, nolo, malo.............................. 45
6° Possum, prosum............................... 46
7° Memini, novi, odi, cœpi. (Desino *au passif*)....... 46
8° Aio, inquam, fari, affari, profari................ 47
9° Me pœnitet, pudet, piget, tædet, miseret — *sens particulier de* me pœnitet........................... 47
10° Oportet, decet, dedecet, licet, libet, liquet, placet, refert... 47
Verbes offrant quelque particularité dans leur conjugaison, rappelés dans l'ordre alphabétique........... 48
Des trois emplois du verbe être *en français, et des règles suivant lesquelles il doit être traduit*............ 66
Des manières diverses de rendre en latin le pronom indéfini on, l'on...................................... 67

COMPLÉMENTS OU RÉGIMES DES VERBES.

Des verbes qui régissent l'accusatif.................. 60
   «   le datif..................... 60
   «   l'ablatif.................... 61
   «   le génitif................... 62
Diverses manières de rendre, au régime indirect, les prépositions à, de, par............................ 62, 63
Verbes à double construction....................... 63
Verbes à règles toutes spéciales : 1° interdico ; 2° mihi opus est; 3° hoc ad me attinet, pertinet, spectat; 4° Me pœnitet, *et ses analogues;* 5° Est *regis,* est *meum,* hic liber est *meus,* est è republicâ, in *rem publicam;* 6° refert, interest..................... 63

SECONDE TABLE DES MATIÈRES.

Verbes régimes d'autres verbes.

{ *Amat* ludere. — *Eo* lusum; *venio* ad ludendum, ut ludam, ludendi causâ *ou* gratiâ, lusurus. — *Redeo* ab ambulando, ab invisendis agris. — *Te hortor* ad legendam historiam. — *Consumit tempus* legendo. — *Dedit mihi* libros legendos, — *Vidi eum* ingredientem. — *Videmus feras ipsas* habere *beneficii intellectum.* — *Memini me* legere. — *Memini C. Marium in Africam* pervenisse...................................... 64

ADVERBES.

ADVERBES D'INTERROGATION.

Cur, quando, qui, quomodo, etc., etc............... 89
Ubi, quo, unde, quâ............................. 88
Ne, num, nonne;................................ 91
An, annon, necne;........................... 91, 92
Ecquid, ecquando, en unquam; *sens et emploi particulier de ces mots*............................... 93
Des cas où, après ces adverbes, il faut mettre l'indicatif *ou le subjonctif à la place de* l'infinitif *français, et le subjonctif à la place de* l'indicatif............. 90, 92
De l'usage particulier des interrogatifs ne, num, nonne, an, annon, necne................................ 91
Sens vrai de nescio an, haud scio an, dubito an *dans les écrivains du siècle d'Auguste*................ 92

ADVERBES DE LIEU, D'ÉTENDUE, DE DISTANCE.

{ *Des quatre questions de lieu, et de la manière de distinguer la question* ubi *de la question* quo............ 68
Du sens propre des quatre classes d'adverbes : hic, huc, hinc, hâc, istic, ... illic, ... ibi.................. 69
Règles propres aux diverses questions de lieu......... 70
Tableau des autres adverbes de lieu se rapportant à ces questions.. 70
Règles propres aux mots divers *qui marquent* l'étendue *ou* la distance................................. 71

ADVERBES DE MANIÈRE.

{ Aliter, æquè, secùs. *Différentes manières de rendre* que *après ces mots*................................... 30

SECONDE TABLE DES MATIÈRES.

ADVERBES DE NÉGATION, ET NÉGATIONS EN GÉNÉRAL. 76

Manières de traduire, ne pas, ne plus, pas encore, etc.. 76
Manière de traduire et *devant une négation quelconque*. 76
Différences de sens entre nonnemo et nemo non, *entre* nonnihil et nihil non, etc........................ 76
Négation *devant* l'impératif..................... 77
De la manière de traduire je ne puis m'empêcher de... 77
Quin *employé pour* qui non — 77
Quin *traduisant* sans que *après une propos. négative*. 78

ADVERBES DE QUANTITÉ. 73

Tableau général des adverbes de quantité........... 73
Triple sens possible (exclamatif, interrogatif, relatif) *de* quàm, quot, etc............................ 74
Sens particulier du génitif *régi par un adverbe de quantité* : satis honorum, etc.................... 74
Des relatifs des adverbes qui traduisent plus, moins, autant................................ 74
Autant *ou* plus *répété*........................ 75
D'autant *devant un comparatif.* — *Manière de traduire le* que *suivant*............................ 75

ADVERBES DE TEMPS. 71

Des six questions qu'on peut s'adresser à l'occasion du temps :.................................
Quand? Combien de temps? Depuis quand? En combien de temps?........................... 71
Après quel temps? Pour quel temps?............. 71
Locutions *et* tournures *se rapportant à des* questions... 71

PRÉPOSITIONS.

Préposition à *régie par un verbe et suivie d'un* substantif *ou d'un* verbe............................ 62
Do vestem pauperi. — Hæc via ducit ad virtutem..., etc............................... 62
Est regis... est meum... etc. — Refert regis, meâ, ad famam..., etc................................ 63
Amat ludere. — Consumit tempus legendo. — Dedit mihi libros legendos, etc........................ 64
Préposition de *régie par un verbe, et suivie d'un* substantif *ou d'un* verbe........................ 63
Id. par Id. Id. Id....... 63
Diverses manières de rendre pour *et* sans *devant un* substantif *ou un* verbe........................ 77, 78

CONJONCTIONS.

PREMIÈRE SÉRIE. CONJONCTIONS DE SIMPLE COORDINATION.

1° Et. *Manières de traduire ce mot*.................. 80
   Et, ac, atque *traduisant* QUE *après* idem, alius, aliter, etc.. 29, 30
   Non-seulement, mais encore. *Tournures diverses traduisant en latin cette locution*................... 80
2° Ou, *Différence de sens entre* aut *et* vel............ 81
   Tantôt *répété*. Nunc, nunc, — modo, modo........ 81
3° Ni. Voir les adverbes de négation................. 76
4° Car. Namque, nam, etc., etc....................... 82
   Emploi particulier de ut, utpote, quippe *avec le relatif* qui, quæ, quod, *et même du* rel. *seul*. 82
5° Mais. Sed, verum, etc.............................. 83
   Des sens particuliers de at............... 83
6° Or, Atqui, porro, etc.............................. 83
7° Donc. Ergo, igitur, etc. *Tour latin formé de* ideo, idcirco, *comme antécédents d'une conjonction pour traduire la locution française*. Si... c'est que....... 84

SECONDE SÉRIE. CONJONCTIONS DE SUBORDINATION. 102

Conjonctions régies par des verbes. Neuf classes principales de ces verbes.

1° *Verbes marquant* conseil, prière, ordre, etc., *ou* effort *pour atteindre un* but........................... 102
2° *Id. marquant* possibilité, permission, obligation, nécessité, convenance........................... 102
3° *Id. marquant* obstacle, empêchement matériel *ou* moral.. 102
4° *Id. marquant* la crainte.......................... 103
5° *Id. marquant* le regret, le dépit, la joie, la tristesse, etc................................... 103
6° *Id. marquant* l'attente........................... 103
7° *Id. marquant* le doute............................ 103
8° Refert, interest, pertinet, *(il importe)*............ 103
9° Mériter, être digne de, ne pas mériter............ 104
Comment les adjectifs et les noms peuvent régir les mêmes propositions que les verbes auxquels ils correspondent.. 104
A quel temps faut-il mettre le subjonctif régi par une conjonction... 105

SECONDE TABLE DES MATIÈRES.

CONJONCTIONS RÉGIES PAR D'AUTRES MOTS QUE DES VERBES.

1° Tel, si, tellement, tant, de telle sorte, *suivis de* que.. 107
2° Assez pour... assez pour que 108
3° Trop pour... trop pour que... trop peu pour........... 108
4° Déterminatifs (adjectifs, pronoms, adverbes), annonçant une proposition subordonnée, et telle ou telle conjonction... 109
Différence de sens notamment entre *quod* et *ut*........ 110

CONJONCTIONS LATINES EMPLOYÉES SEULES.

Trois catégories.

1° Conjonctions *ou* locutions conjonctives régissant l'indicatif..
Quanquam — quando, quia, quod, quoniam — postquam, ubi, simul ac.................................. 111
Pourquoi ces conjonctions gouvernent-elles d'ordinaire l'indicatif, et quand prennent-elles le subjonctif? 110. 118
2° Conjonctions *ou* locutions conjonctives régissant le subjonctif.. 111
Quasi, et ses synonymes. — Licet, quamvis. — Antequam, priusquam.................................... 111
Est quod, causa est cur — sunt qui, videas qui, *et leurs synonymes*................................... 111
Quotusquisque est qui — Fuit tempus quum........ 111
Cas exceptionnel *où quelques-unes de ces conjonctions prennent* l'indicatif.................................. 111
3° Conjonctions régissant, *selon leur sens*, l'un ou l'autre mode ....
Dum, donec, quoad................................... 112
Quum.. 112
Si, *et ses composés* etsi, etiamsi, tametsi, sive, nisi, sin. 113
Ut... 112

INTERJECTIONS.

Herclè, hercule, mehercule............................. 78
Age, agite, agedum, agitedum......................... 79
Proh Deum fidem..................................... 79
Medius Fidius.. 79
Si Diis placet....................................... 79

SECONDE TABLE DES MATIÈRES.

SUPPLÉMENT.

Règles sur le discours indirect........................	120
Des mots ou locutions qui servent à établir la suite des idées...	121
D'abord, rendu par primo, primum, etc.............	121
En outre, rendu par præterea, tum, insuper — ad hoc, huc adde, huc accedit... quod. — Jam, jam vero. — Quid? sed quid? quid porro? — Quid, quod. — Imo, imo etiam, quin etiam................... 121, 122,	123
Des sens divers de imo........................ 122,	123
Supposons, supposez que, rendu par fac *et l'infinitif, ou par* fac ut, *ou par* ut, *ou par le subjonctif seul*......	123
Mais dira-t-on. At, — at enim, — dicet aliquis.........	123
Mais enfin, annonçant une réponse à l'objection. Quid tandem?..	123
Mais peut-être, objection ironique. Nisi, nisi fortè.....	123
Bref, rendu par quid plura? — Ne multis.............	124
Enfin, rendu selon le sens par denique *ou* postremo. 124,	125
Sens particulier de tandem, tandem aliquando *et de* demum.. 124,	125
De la construction des phrases latines. Préceptes et exemples...	125
Locutions remarquables du Conciones présentées dans l'ordre alphabétique..............................	128
CONSEILS GÉNÉRAUX POUR LA VERSION..................	143

FIN DE LA DEUXIÈME TABLE DES MATIÈRES.

TABLE

A

A, régime d'un adjectif, 18, 19
A, régime d'un verbe, 62, 63, 64, 65, 101
Abhinc, 72
Ablatif (dans les noms), 15
Ablatif absolu, 100, 101
Ablatif de la cause, 64
Ablatif de la partie, 64
Ad hoc, 122
Adde huc, adde quod, 122
Adeo, adis, 45
Adeptus, 59
Adjectif (substitué à un nom), 15, 19
Adjectif (accord de l') avec le nom, 16, 17
Adjectifs (régime des), 18, 19
Admodum, 73
Æque, 31
Æquo (plus), 21
Affari, 47
Affero, 45
Age, agite, 79
Aio, ais, 48
Alibi, 70
Alicubi, 70
Alicunde, 70
Alio, 70
Aliqua, 70
Aliquando, 124
Aliquis, 35
Aliquo, 70
Aliter, 31
Aliunde, 70
Alius, 30, 31
Alter, 30, 31
Ambo, 24
An, 92
Ante (avec hic, hæc, hoc), 71
Antequam, 111
Apposition (proposition en), 86
Assez pour, 108
Assuetus, 18
At, 83
At, at enim, 123
Attinet, 63

Audeo, 45
Aufero, 45
Aut, 76, 81
Autant, 73
Autant qu'homme du monde, que qui que ce soit, etc. 23

B

Bini, binæ, bina, 32
Bonus, 19, 20
Bref, 124

C

Capable de, 18, 88
Car, 82
Causâ, 65, 78
Causa est cur, 111
Ce (devant le v. être), 27
Ceteri, 31
Chez, 70
Chose à, 88
Circa, 44
Circumdo, 63
Cœnatus, 60
Cœpi, cœptus sum, 47
Comparaison d'une personne ou d'une chose avec elle-même, 21
Comparatifs irréguliers, 20
Comparatifs (règles des), 21
Compar. (sens des), 20
Comparatif, substitué au superlatif, 21
Complétives (propos. subordonn.), 9
Conditionnel interrogatif, 90
Confessus, 60
Confido, 44
Conjuratus, 60
Content (diverses manières de rendre l'adjectif), 19
Coordonnées (prop.) 79
Croire (suivi d'un infinitif), 98

Cupio (suivi d'un verbe), 98, 99
Curare, avec le part. en dus, da, dum, 101

D

D'abord, 121
Dans, 69, 70, 71
Datif (régi par le passif), 42, 61
De, après un nom, 14
après un adjectif, 18 19
après un verbe, 63, 64
devant un verbe, 64, 101
Debeo, 39
Decet, 48, 60
Déclaratifs (verbes), 97
Déclinaisons (remarques particulières sur les) 12, 13, 14
Dedecet, 48, 60
Deficit, 60
Delectat, 60
Demum, 125
Denique, 124
Déponents (régimes des verbes), 61, 62
Depuis, 72
Desino, 46
Destiné à, 65, 88
Devoir (des deux sens du verbe), 39
Dicus (adjectifs en), 20
Differo, 45
Diffido, 44, 62
Dignus, 19, 104
Dira-t-on (mais), 123
Dire de, 97
Directe (interrogation), 89
Distance (noms, adjectifs et adverbes de), 71
Donc, 84
Donec, 103, 112
Dubito, 92, 103
Dum (traduisant le participe présent), 43
Dum, 103, 112
Duo, 24

TABLE.

E

Eâ, eâdem,	69, 70
Eblanditus,	59
Ecquando,	94
Ecquid,	35, 94
Ecquis,	35
Emensus,	59
Empêcher de (S'),	77
En, (suivi du part. prés.),	43
En unquam,	94
Eo... quo..., quod,	75
Eo, eodem,	70
Eo, is, it,	45
Epistolaire (style),	65
Er (adjectifs en),	20
Est regis, — meum, — meus est liber; — è rep., in remp.,	63
Est quod,	111
Et, (traduction et sens de),	80
Et (rendant que),	29, 30
Etendue (noms, adject. et adv.),	71
Etiamsi,	113
Etre (sens et emploi du verbe),	67
Etsi,	113
Eus (adjectifs en),	20
Excellence (cas régis par les verbes d'),	62
Exosus,	46
Expertus,	59
Ex quo,	72

F

Fac, fac ut,	123
Faire faire,	101
Fait pour,	88
Fallit,	60
Fari,	47
Fas (avec le supin pass.),	44
Femme à,	88
Fero, fers,	45
Ficus, (adjectifs en),	20
Fidem (Pro Deûm),	79
Fido,	44, 62
Fio,	45
Fore ut,	40
Frustratus,	59
Fugit,	60
Fuit tempus quum,	111
Futur interrogatif,	90
Futur (différence de sens entre le — indicatif et le futur marqué par le participe en rus, ra, rum),	65

Futurum sit ut,	39

G

Gaudeo,	44, 62
Génitif (après les noms),	14
Idem (après les adj.),	18
Idem (après les partitifs),	33, 74
Gérondif en di après un nom,	15
Idem, après un adjectif,	18
Gérondif en do, après un adjectif,	18
Idem, marquant la cause ou la manière,	43
Gérondif en dum,	44, 64
Gratiâ (avec le génit.),	78

H

Hâc,	69
Herclè,	79
Hic, hæc, hoc,	25, 109
Hic, hinc, huc,	69
Hoc (dev. un comp.), quo, quod,	75
Homme à,	88

I

Ibi, ibidem,	70
Idcirco... quod,... ut,	84
Idem,	29
Ideo... quod,... ut,	84, 109
Ilis (adjectifs en),	20
Ille, a, ud,	25, 109
Illàc, illic, illinc, illùc,	69
Impératif, (conj. de),	38
Imo,	122
Improbor,	61
In (cas régis par),	69, 77
In animo habere,	40
Indè,	69
Indirect (discours),	120
Indirecte (interrog.),	90
Indidem,	70
Indignus,	19, 104
In eo (esse ut),	40
Inferior,	21
Infinitif (futur de l'),	39
Infinitif (sens particulier),	66
Infinitif interrogatif,	90
Infinitive (proposit. complément ou sujet d'une autre proposition),	96

Infinitive (temps de la prop.),	96
Infinitive (verbes régissant la propos.),	97, 102, 103
Infinitive (propos.), régie par des substantifs et des adjectifs,	104
Injussu,	78
Inquam,	46
Intelligor,	61
Inter avec le gér. en dum,	43
Interdico,	63
Interest,	64, 103
Interrogatifs,	34, 74, 89
Interrogations directes et indirectes, simples et doubles,	89
Interrogation (verb. suivant les règles de l'),	103
Invicem,	32
Ipse,	29, 116, 117
Is, ea, id,	25, 87, 109
Istac, istic, istinc, istuc,	69
Iste, a, ud,	25, 109
Itâ..., ut,	107
Ius (adjectifs en),	20

J

Jam (en outre, et maintenant),	122
Jam non,	76
Jam vero,	122
Jubeo,	102
Juratus, a, um,	60
Jus,	13
Juvat,	60

L

Lapis (mesuré),	71
Libet,	47, 99
Licet (verbe),	48, 99, 102
Licet (conjonct.),	111
Lieu (questions de),	69
Liquet,	47
Loco (pour, à la place de),	77
Longè (devant un comparatif et un superlatif),	22, 73

M

Magis,	73
Magni	73
Magnus,	20, 73
Mais,	83
Mais peut-être,	123

TABLE.

Major,	20, 73	Odi,	46	Præterit, ...eunt,	60
Malo,	46, 98, 102	Omnino non,	76	Pransus,	60
Malus,	20	On, l'on,	67	Primum omnium,	121
Mander de,	97	Oportet,	41, 47, 99, 102	Prohor,	61
Manet,	60	Opus est,	63	Profari,	47
Meditatus,	59	Or,	83	Prohibeo,	102
Medius Fidius,	79	Osus,	46	Propositum(est mihi),	40
Memini,	46, 64	Ou, ou bien,	81	Propre (ipse),	29
Mille, Millia,	25	Ou, entre deux interrogatifs,	91, 92	Propre à (aptus, is qui),	18, 88
Minor,	20, 73	Ou non,	92	Pudet,	44, 47
Minoris,	73	Où (suivi d'un infin.)	88, 90	Pugnare cum,	48
Minus,	73	Outre (en),	121		
Miseret (me),	47, 63				
Modo... modo,	81				
Moins de,	21, 73, 74	**P**		**Q**	
Multo, multi, multùm,	73	Pactus, a, um,	59	Quâ (question)	70
		Par (diverses manières de rendre la préposition),	63	Quà... quà,	80
N				Quâcunque,	70
Ne, devant un impératif,	77			Quâlibet,	70
Ne (verbes régissant la conj.),	102, 103	Par, Paris,	18, 29	Quàm,	22, 73, 74
		Participe en dus, da, dum,	16, 18, 41, 42, 43	Quamdudum (quest.)	71
				Quamvis,	111
Ne interrogatif,	89, 90, 91, 92	Participe passé,	15, 100	Quandiu (question),	71
Ne multis,	124	Participe présent actif (marquant simultanéité),	43, 64	Quando (question),	71
Ne... quidem,	76			Quando (conj.),	111
Necesse est,	41, 102			Quanquàm,	111
Nedum,	112	Partic. présent passif,	101	Quanti, quanto, quantum, quantus,	73, 74, 75
Nefas (avec le supin en u),	44	Participe en rus, ra, rum,	39, 65		
Négations,	76	Partitifs (pronoms et adverbes),	33, 74	Quanto... tanto,	75
Nequeo,	46			Quasi,	111
Nescio an,	92	Partout (aux quatre questions),	70	Quaterni,	32
Nescio quis,	93			Que (après idem),	29
Neutres (cas divers régis par les verbes),	61, 62, 63	Parùm, parvi,	73	Que (après alius, aliter, etc.),	30
		Parvus,	20, 73	Queo,	45
Nimis, nimium, nimius, nimio pluris,	73	Passifs (cas régis par les verbes),	61	Qui, quæ, quod (composés de),	34
		Pauci, pauciores, paulo,	73	Qui (régissant par lui-même le subjonctif),	83
Nisi,	78, 113				
Nisi forte,	123	Perosus,	46	Qui (relations de) avec son antécéd. dans la construc.,	85
Noli (dev. l'impér.),	77	(Seconde) personne sing. pr. indic. des v. en ior,	37		
Nolo,	45, 98, 102				
Nominatif après un infinitif,	98	Perinde ac si,	111	Qui, pour et ego, tu, is, ille,	87
Noms de nombre,	24, 25	Pertinet,	63, 103		
Non, devant ou après une négation quelconque,	76, 77	Piget (me),	47	Qui, pour ut ego, tu, is, ille,	87
		Plures, plurimum, pluris, plûs,	73	Qui, pour talis ut ego, tu, etc.,	87
Non jam,	76	Plus et plures (différ. entre),	74	Quia,	111
Nonne,	91			Quicunque,	34, 84
Nonnisi,	77	Plus de,	21	Quid et quod, quiddam, quoddam,	34, 35
Non-seulement, mais encore,	80	Pœnitet (me),	47, 63		
		Porro,	83	Quid (adv. de quantité),	73, 74
Nostri, nostrùm,	33	Possessifs (au sens actif et au sens passif),	32		
Novi,	46			Quid? sed quid? quid porro?	122
Num,	91	Post (tres dies),	72	Quid plura?	124
Nunc... nunc,	81	Postremo,	124	Quid, quod,	122
		Potus,	60	Quilibet,	34
O		Pour (prép.),	72, 77	Quin,	77, 78, 102, 103
Ob (avec gérond. en dum),	43	Prætereo, ...ire,	45	Quippequi,	82

TABLE.

Quis, quæ, quid, quod, 34
Quispiam, quisquam, 35
Quisque, 23, 35
Quisquis, 35, 84
Quivis, 34
Quo (question), 69, 70
Quo... eo ou hoc, 75
Quo pour ut eo, 112
(Ex) quo, 72
Quoad, 112
Quocunque, 70
Quod, 103, 110, 111
Quoi (de) (suivi d'un infinitif), 88
Quolibet, 70
Quominus, 102
Quoniam, 111
Quot, 73
Quotusquisque est qui..., 111
Quovis, 70
Quùm... tùm, 80
Quùm, 112

R

Refert, 64, 103
Relatifs (voir pronoms et adverbes de quantité), 34, 74, 75
Reliquus, reliqua, reliquum, 31
Reperias qui, reperire est qui, 111

S

Sans, 78
Satis, satis magni, ...magnus, ...multi, 73
Satis ut, 108
(Haud) scio an, (qui) scis an, 92
Si, 113
Si (tellement)...que, 107
Simultanéité, marquée par le partic. prés. ou par dum, ou par inter, 43
Singuli, æ, a, 32
Sive, 113
Soleo, 44
Spargo (double construction avec), 63
Spectat (hoc ad me), 63
Subjonctif (futur), 38
Subjonctif (imparfait) des verbes en ior, 37
Subjonctif (verbes régissant le), sans conjonction, 102
Subjonctif (conjonctions régissant le), 111
Subjonctif marquant une concession ou une supposition, 123
Subjonctif présent et parfait (sens particuliers du), 66
Subjonctif substitué à l'Indicatif, 90, 118, 119, 120, 121
Subordonnées (propositions), 8, 9, 10
Subordonnées annoncées par un démonstratif quelconque, 109
Subordonnées régies par un adjectif ou un substantif, 104
Suffero, suffers, 45
Sui, sibi, se, 117
Sum (cas régis par les composés du v.), 61
Sunt qui, 111
Superior, (cas régis par), 21
Supériorité (cas régis par les verbes de), 62
Superlatif absolu et relatif, 22
Superlatif renforcé, 22
Supin actif avec ire, pour le v. simple, 44
Supin actif, avec iri, marquant le futur, 40
Supposé, supposons que, 123
Susceptible de, 88
Sustollo, 45
Suus, sua, suum, 115

T

Tàm, 73
Tàm... ut, 107
Tametsi, 113
Tandem, quid tandem, utrum tandem, 124
Tanquam, tang. si, 111
Tantôt, ...tantôt, 81
Tanti, tanto, tantum, 73, 75
Tantus,... ut, 73, 107
Tel, tellement que, 88, 107
Temps (règles sur le choix des) au mode infin. 96
Temps (règles sur le choix des), au mode subjonctif, 105
Terni, æ, a, 32
Testatus, 59
To, tote, tor (formes à l'Impératif),

Tædet (me), 47
Tollo, 45
Tot, 73, 107
Transeo, transire, 45
Trop pour, trop peu pour..., 108
Tùm (en outre), 121
Tùm..., tùm, 80
Tùm demùm, 125

U

Ubi (question), 68
Ubi pour et ibi, ut ubi, 88
Ubi (conjonction), 111
Ubique, ubicunque, 70
Unde pour et inde, ut inde, 88
Undecunque, undique, 70
Uni, æ, a, 24
Unicè, 23
Unus omnium, 23
Ut (adv. de quant.), 73
Ut (conjonction), 112
Ut... ita, 81
Ut... qui, 82
Ut, après un adverbe, 107
Ut, après un adject. ou un subst., 104
Ut, après un verbe, 102, 103, 104
Ut et quod (différence entre), 110
Ut (supposé que), 123
Uter, 30, 92
Utpote qui, 82
Utrinque, 70
Utrobique, utroque, 70
Utrùm, 91, 92
Uus (adjectifs en), 20

V

Valeur (cas régi par les verbes exprimant la), 62
Vel, 22, 81
Velut, velut si, 111
Verbes offrant qq. particularité dans leurs formes, 48
Verbes régis par des verbes, 64
Vertueux, 19
Vestri, vestrùm, 83
Veto, vetas, 102
Videas qui, videre est qui, 111
Videor, régissant le datif, 61
Videor, rendant le v. français croire, 98
Volo, 45, 98, 99, 102
Volus (adjectifs en), 20

Même librairie :
Envoi franco au reçu du prix en timbres-poste.

Éléments de la grammaire latine de Lhomond, entièrement corrigés dans le texte et augmentés de remarques et de notes; par M. Georges Edon, agrégé de l'Université. Seconde édition, revue et améliorée. 1 vol. in-12, cart. 1 fr. 60 c.

Recueil gradué de thèmes latins (Extraits des meilleurs prosateurs français), à l'usage des classes de grammaire; par le même. 1 vol. in-12, cart. 1 fr. 25 c.

Le même, latin et français, par le même. 1 vol. in-12, br. 2 fr. 50 c.

Recueil gradué de thèmes latins, choix de morceaux des meilleurs écrivains français, à l'usage des classes supérieures (4e, 3e et 2e); par MM. Ch. Lebaigue et Caublot, agrégés de l'Université. Troisième édition, augmentée d'un commentaire. 1 vol. in-12, cart. 1 fr. 60 c.

Le même, textes et corrigés en regard, par les mêmes. Troisième édition corrigée. In-12, br. 3 fr.

Dictionnaire latin-français, rédigé spécialement à l'usage des classes, d'après les travaux des lexicographes les plus estimés (Forcellini, Freund, Georges Klotz, etc.), et suivi d'un appendice sur la métrologie, les monnaies et le calendrier des Romains; par M. Ch. Lebaigue, agrégé de l'Université, professeur au lycée Charlemagne. Troisième édition revue et corrigée. 1 fort vol. grand in-8°, cart. en toile pleine. 9 fr. 50 c.

Lexique latin-français, rédigé spécialement à l'usage des classes élémentaires, extrait du dictionnaire complet de M. Ch. Lebaigue; par M. Georges Edon, agrégé de l'Université. 1 vol. in-8°, cart. en toile pleine. 3 fr. 75 c.

Dictionnaire français-latin, par le même. 1 fort vol. grand in-8°. (En préparation.)

Lexique français-latin, par le même. 1 vol. in-8°. (En préparation.)

Dictionnaire classique grec-français; par M. Emile Pessonneaux, agrégé de l'Université, professeur au lycée Henry IV. 1 vol. in-8°. (En préparation.)

Recueil gradué de versions latines, à l'usage des classes de grammaire; par M. Meynal, agrégé de l'Université, professeur au lycée Louis-le-Grand. 1 vol. in-12, cart. 1 fr. 50 c.

Le même, latin et français; par le même. 1 vol. in-12, br. 3 fr.

Révision méthodique des principales règles et locutions de la langue latine, suivie de conseils pour la version, ou l'art de traduire ramené à ses principes les plus élémentaires, à l'usage des élèves de rhétorique et des aspirants au baccalauréat ès sciences; par M. Henry, agrégé de l'Université, professeur de rhétorique au lycée de Rouen. Troisième édition augmentée. 1 vol. in-12, br. 1 fr. 60 c.

Recueil gradué de versions latines, à l'usage des classes supérieures et des aspirants au baccalauréat; par M. Massicault, ancien membre de l'Université. 1 vol. in-12, cart. 1 fr. 60 c.

Le même, texte et traduction en regard. 1 vol. in-12, br. 3 fr.

COLLECTION D'EXTRAITS
des principaux auteurs latins et grecs imprimée en gros caractères

LUCRÈCE. — **Extraits.** Nouvelle édition, avec une introduction, un commentaire critique et des notes en français; par M. Crouslé, docteur ès lettres, maître de conférences à l'École normale supérieure. In-12, cart. 1 fr. 50 c.
Le même, latin et français; par le même. 1 vol. in-12, br. 3 fr. 50 c.
Ouvrage prescrit pour la classe de rhétorique des lycées et colléges par arrêté ministériel.

PLAUTE. — **Extraits**, avec une introduction, un commentaire critique et des notes en français; par le même. 1 vol. in-12, cart. 2 fr.
Le même, latin et français; par le même. 1 vol. in-12, cart. 4 fr.
Ouvrage autorisé pour la classe de rhétorique des lycées et colléges par arrêté ministériel.

SÉNÈQUE. — **Lettres choisies**, avec des sommaires et des notes en français; par un professeur de l'Académie de Paris, docteur ès lettres. In-12, cart. 1 fr. 25 c.

ÉLIEN. — **Extraits**, contenant des notes historiques, géographiques et grammaticales en français; suivis d'un lexique; par M. Chambon, professeur au lycée Louis-le-Grand. In-12, cart. 1 fr. 10 c.
Le même, grec et français; par le même. In-12, br. 1 fr. 50 c.

LES PÈRES DE L'ÉGLISE GRECQUE. — **Recueil de discours, de lettres et de poésies**, avec une notice biographique et littéraire, des appréciations et des notes en français; par M. Fialon, professeur agrégé de l'Université. In-12, cart. 1 fr. 60 c.
Le même, grec et français; par le même. 1 vol. in-12, br. 3 fr. 50 c.

DÉMOSTHÈNE ET ESCHINE. — **Principaux discours.** (Analyses et Extraits), avec une introduction, des appréciations et des notes en français; par le même. 1 vol. in-12, cart. 1 fr. 50 c.
Le même, grec et français; par le même. 1 vol. in-12, br. 3 fr. 50 c.

XÉNOPHON. — **Anabase.** (Récits extraits de l'), avec des notes historiques, géographiques et grammaticales en français; par M. Jacquet, professeur agrégé de l'Université. 1 vol. in-12, cart. 1 fr. 60 c.
Le même, grec et français; par le même. 1 vol. in-12, br. 3 fr. 50 c.

ARISTOPHANE. — **Extraits**, contenant des résumés analytiques et des notes historiques, littéraires et grammaticales en français; par le même. 1 vol. in-12, cart. 2 fr.
Le même, grec et français; par le même. 1 vol. in-12, br. 3 fr. 50 c.

HÉRODOTE (**Récits extraits d'**), accompagnés de résumés historiques et de notes philologiques, littéraires et grammaticales, 3ᵉ édition; par M. Ch. Lebaigue, professeur agrégé de l'Université. 1 vol. in-12, cart. 2 fr.
Le même, grec et français; par le même. 1 vol. in-12, br. 4 fr.
Ouvrage autorisé par l'Université.

HOMÈRE. — **Iliade.** (Morceaux choisis), accompagnés de résumés analytiques et de notes philologiques, littéraires et grammaticales en français; par M. Brach, professeur agrégé de l'Université. 1 vol. in-12, cart. 2 fr.
— **Odyssée** (Morceaux choisis), accompagnés de résumés analytiques et de notes philologiques, littéraires et grammaticales en français; par le même. 1 vol. in-12, cart. 2 fr.

PLUTARQUE. — **Vies des hommes illustres** (analyses et extraits), accompagnés de notes historiques, géographiques et grammaticales en français; par M. Feuilleret, professeur agrégé de l'Université. 1 vol. in-12, cart. 2 fr.
Le même, grec et français; par le même. 1 vol. in-12, br. 4 fr.
— **Extraits des œuvres morales**, avec sommaires et notes historiques, géographiques et grammaticales en français; par M. Lucas, professeur agrégé de l'Université. 1 vol. in-12, cart. 2 fr.
Le même, grec et français; par le même. 1 vol. in-12, br. 4 fr.

SOPHOCLE. — **Extraits**, accompagnés d'arguments analytiques, d'appréciations littéraires et de notes historiques, géographiques et grammaticales en français; par M. Feuillâtre, proviseur du lycée d'Amiens. 1 vol. in-12, cart. 2 fr.
Le même, grec et français; par le même. 1 vol. in-12, br. 3 fr. 50 c.

THÈMES D'IMITATION
SUR LES PRINCIPAUX AUTEURS ÉLÉMENTAIRES, LATINS ET GRECS.

Cette méthode, dont le principe est l'*imitation*, est aujourd'hui suivie dans une large mesure.

A un âge où les élèves trouvent encore difficilement l'expression propre et le tour convenable, il est très-utile de proposer à leur imitation les textes qu'ils expliquent.

Ce procédé a un double avantage : à l'élève, il offre un guide infaillible ; pour le maître, c'est le plus simple et le plus sûr des contrôles, l'imitation ne pouvant être fidèle, si le texte a été mal interprété.

LHOMOND. — **Epitome historiæ sacræ**, précédé des éléments très-simples et les plus indispensables aux commençants, sur les noms, les adjectifs et la conjugaison des verbes latins, et suivi de *Thèmes d'imitation*, par MM. Hanquez et Gillet-Damitte. Nouvelle édition. In-18, c. 1 fr. 10 c.

— **de viris illustribus urbis Romæ.** Nouvelle édition, accompagnée d'un commentaire grammatical, d'un dictionnaire revu avec soin, et augmentée de renseignements géographiques, historiques et mythologiques ; par M. E. Aniel, suivie de *Thèmes d'imitation*, par M. Rogier. In-12, cart. 1 fr. 50 c.

Corrigés des Thèmes d'imitation. 1 vol. in-12, br. 75 c.

Cornelii Nepotis opera quæ supersunt. Nouvelle édition collationnée sur les meilleurs textes, avec des notes en français ; par M. Brach, suivie de *Thèmes d'imitation*, par M. Rogier. 1 vol. in-12, cart. 1 fr. 50 c.

Corrigés des Thèmes d'imitation. 1 vol. in-12., br. 75 c.

HEUZET. — **Selectæ e profanis scriptoribus historiæ.** Nouvelle édition avec des notes historiques, géographiques et grammaticales ; par M. C. Rouzé, professeur au lycée de Vanves, suivie de *Thèmes d'imitation* par le même auteur. 1 vol. in-12, cart. 2 fr. 25 c.

Le Jeune Latiniste, *nouvelle méthode pratique* destinée à faciliter l'étude élémentaire du latin, suivie des 32 premiers chapitres de l'*Epitome historiæ sacræ*, avec notes grammaticales, lexique et *Thèmes d'imitation* sur ces 32 premiers chapitres ; par le même. 1 vol. in-12, cart. 1 fr. 50 c.

Le jeune Helléniste contenant les *Fables d'Esope* annotées et précédées d'*Exercices méthodiques* destinés à faciliter l'étude élémentaire du grec, et suivies de *Thèmes d'imitation*, avec des notes grammaticales et un lexique grec-français ; par le même. 1 vol. in-12, cart. 1 fr. 80 c.

Corrigés des Exercices et des Thèmes d'imitation. In-12, br. 1 fr. 50 c.

ÉSOPE. — **Fables** (texte grec). Nouvelle édition avec des notes en français et un lexique, par M. Aniel, suivie de *Thèmes d'imitation*, par M. Rouzé. 1 vol. in-12, cart. 1 fr. 50 c.

Corrigés des Thèmes d'imitation. In-12, br. 50 c.

LUCIEN. — **Dialogues des morts** (texte grec). Nouvelle édition conforme au texte officiel, avec des notes et un lexique nouveau ; par M. Ditandy, suivie de *Thèmes d'imitation* sur les quinze premiers dialogues, par M. Rouzé. 1 vol. in-12, cart. 1 fr. 50 c.

Corrigés des Thèmes d'imitation. 1 vol. in-12, br. 75 c.

ÉLIEN. — **Extraits** (texte grec), avec des notes et un lexique grec-français ; par M. Chambon, suivis de *Thèmes d'imitation* sur les trente premiers extraits, par M. Dumas, agrégé de l'Université, professeur au lycée de Vanves. 1 vol. in-12, cart. 1 fr. 25 c.

Corrigés des Thèmes d'imitation. 1 vol. in-12, br. 40 c.

BOILEAU-DESPRÉAUX. Œuvres poétiques, avec notes par M. Aubertin, docteur ès lettres, ancien maître de conférences à l'école normale supérieure, recteur de l'académie de Clermont. In-12, cart. 1 fr. 50 c.
Approuvé pour les bibliothèques scolaires.
Le même, avec notes par M. l'abbé Drioux, édition corrigée. 1 vol. in-18, cart. 1 fr.
— **Art poétique**, avec notes par le même; édition in-18, cart. 40 c.

BOSSUET. Discours sur l'histoire universelle, avec notes de M. P. Jacquinet, inspecteur général. 1 vol. in-12, cart. 2 fr. 50 c.
— **Discours sur l'histoire universelle**, avec notes par M. l'abbé Drioux. In-12, cart. 2 fr. 50 c.
— *Le même*, sans notes. In-12, cart. 1 fr. 50 c.
— **Oraisons funèbres**, avec notes par M. l'abbé Lagrange. In-12, cart. 1 fr. 50 c.
— **De la connaissance de Dieu et de soi-même**, avec analyses et notes par M. Hébert-Duperron. In-12, br. 1 fr. 60 c.

LA BRUYÈRE. Caractères, avec introduction et notes, par M. Ordinaire, professeur de rhétorique au lycée Condorcet. (*Sous presse.*)

LA FONTAINE. Fables, avec notes par M. Ch. Aubertin, docteur ès lettres, ancien maître des conférences de littérature française à l'école normale supérieure, recteur de l'Académie de Clermont. 1. vol. in-12, cart. 1. fr. 60 c.
Approuvé pour les bibliothèques scolaires.
— **Choix de Fables**, avec notes par le même. Edition corrigée. In-12, cart. 1. fr. 60 c.
— **Fables choisies.** Nouvelle édition avec notes géographiques, grammaticales et littéraires, à l'usage des institutions et des écoles professionnelles; par M. Caron, agrégé de l'Université. 1 fort vol. in-18, cart. 1 fr.
— **Cent fables choisies**, à l'usage des écoles, avec notes par le même. 1 vol. in-18, cart. 60 c.

FÉNELON. Traité de l'existence et des attributs de Dieu. Nouvelle édition avec analyses et notes par M. Aulard, ancien professeur de philosophie, inspecteur d'Académie. 1 vol. in-12, br. 1 fr. 60 c.

VOLTAIRE. — **Histoire de Charles XII**, avec notes par M. Grégoire. 1 vol. in-12, cart. 1 fr. 60 c.
Approuvé pour les bibliothèques scolaires.
— **Siècle de Louis XIV**, avec notes par le même. In-12, cart. 2 fr. 75 c.
Approuvé pour les bibliothèques scolaires.
— **Mérope**, sans notes. In-18, cart. 40 c.

Théâtre classique, contenant : Le Cid. Horace. Cinna. Polyeucte, de Corneille ; — Britannicus. Esther. Athalie, de Racine ; — Le Misanthrope, de Molière ; — Les principales scènes de Mérope, de Voltaire, avec des notes historiques, grammaticales et littéraires ; par MM. Aderer, Aulard, Gidel, Henry et Jonette, contenant les préfaces des auteurs et des appréciations littéraires et analytiques empruntées aux meilleurs critiques. 1 fort vol. in-12, cart. 3 fr.
— *Le même*, contenant : Esther. — Athalie. — Les Horaces. — Le Cid. — Britannicus. — Cinna. — Polyeucte. — Mérope. — Le Misanthrope. 1 vol. in-18, cart. 2 fr.

SAINT-CLOUD. — IMPRIMERIE DE Mme V^e EUG. BELIN.

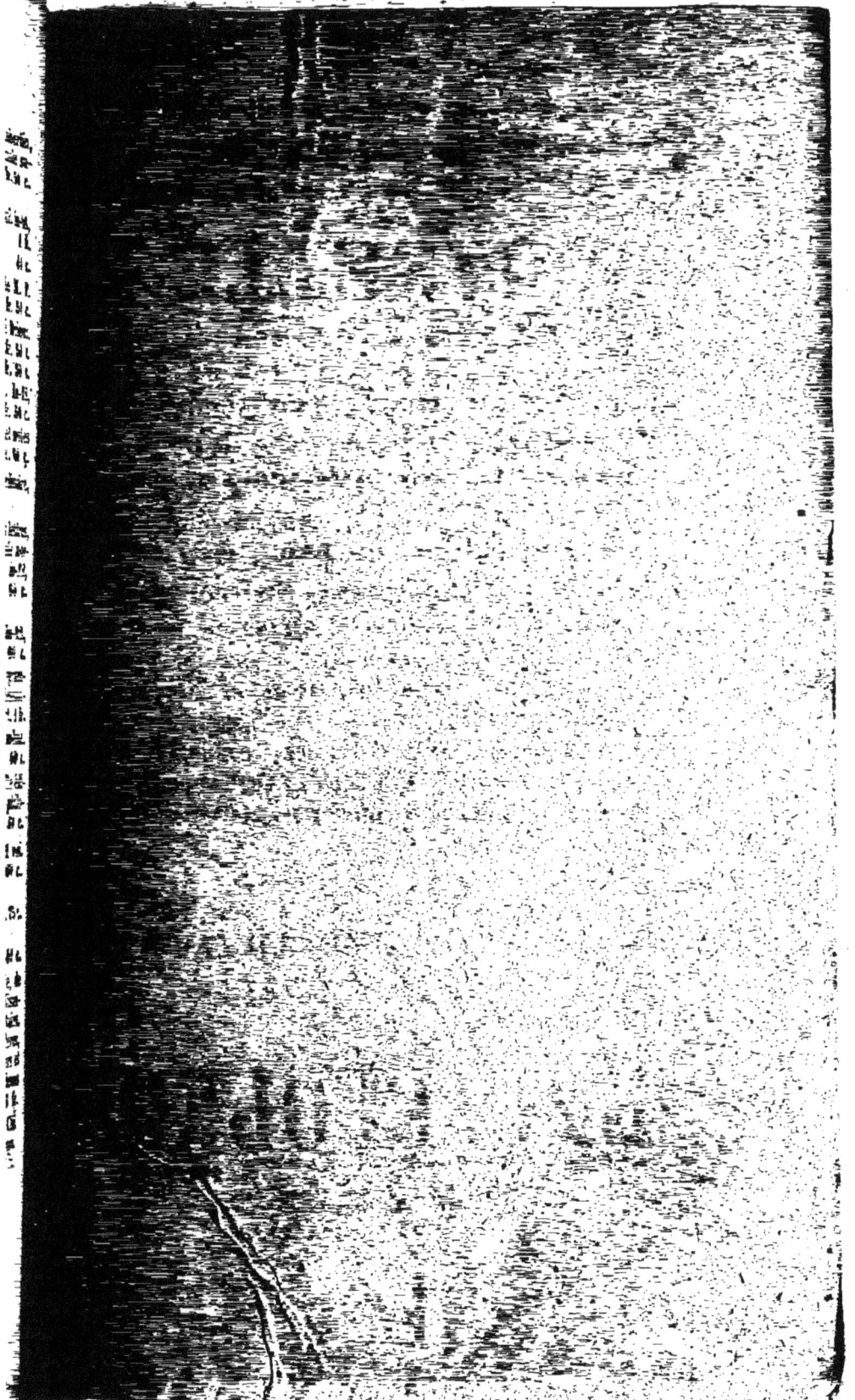

www.ingramcontent.com/pod-product-compliance
Lightning Source LLC
Chambersburg PA
CBHW070700100426
42735CB00039B/2353